伟人成功故事

世界大教育家成功故事

张 哲◎编著

中国出版集团　现代出版社

图书在版编目（CIP）数据

世界大教育家成功故事／张哲编著. —北京：现代出版社，2012.12

（伟人成功故事）

ISBN 978-7-5143-0883-9

I. ①世… II. ①张… III. ①教育家—生平事迹—世界—通俗读物 IV. ①K815.46-49

中国版本图书馆 CIP 数据核字（2012）第 274868 号

世界 大教育家 成功故事

作　　者	张　哲
责任编辑	袁　涛
出版发行	现代出版社
地　　址	北京市安定门外安华里 504 号
邮政编码	100011
电　　话	(010) 64267325
传　　真	(010) 64245264
电子邮箱	xiandai@cnpitc.com.cn
网　　址	www.modernpress.com.cn
印　　刷	汇昌印刷（天津）有限公司
开　　本	700×1000　1/16
印　　张	10
版　　次	2013 年 1 月第 1 版　2021 年 3 月第 3 次印刷
书　　号	ISBN 978-7-5143-0883-9
定　　价	29.80 元

前 言

FOREWORD

教育改变命运，不仅改变个人的命运，也改变国家和民族的命运。教育对于个人和社会发展的重要性，已被实践所证实。纵观古今中外那些成就卓著的大人物的成长历程，几乎都受到过良好的教育；而那些世界强国，也都无一例外是教育强国。可以说，人类社会的发展，也伴随和依赖着教育的发展。

在人类社会的发展进程中，涌现出了许许多多伟大的教育家。本书由于篇幅有限，我们从浩如烟海的史料中选取了成就最大影响最为深远的 7 位教育大家，其中有开创中国教育先河、被后世尊为圣人的孔子；有古希腊最早的教育家苏格拉底，有提出"儿童中心论""教育即生活，教育即生长，教育即经验的不断改造""学校就是社会"等理念的美国教育家杜威……

在尊重历史真实性的基础上，本书向读者立体地凸显了人物的生平和杰出的事迹，力求达到史实叙述准确，融知识性与可读性于一体，揭示人物的精神经历和心灵升华，给读者以深刻的启迪和感悟。

本书除了公正地评价他们的人格和贡献外，还配以大量珍贵的历史图片，希望能使读者清晰地看到世界发展的轨迹，感受到每一个伟大时代的精神，牢记历史带给我们的经验和教训。让我们在对已经逝去的人们的凭吊中，期盼着更为光辉的人物出现。

目录

CONTENTS

孔 子

在距今一十五白多年前的山东省，一个婴儿呱呱坠地，他的父母不知道，就是这个孩子，将成就一个传奇。传奇的创造者名叫孔丘，他一生颠沛流离，受尽困顿之苦。在那个金戈铁马的乱世风潮中，他探索不息，也不止一次仰天叹息。

孔子是一个传奇，不仅仅是指他那段活着的生命，而是在他死后，他的另一段生命悄然开始。在两千多年中，大至国家，小至个人；近至中国，远至世界各地，都曾汲取过他的思想。然而，在两千多年后的今天，当我们面对孔子时，无论他的头上戴着多少光环，在我们眼中，他最重要的一个身份，还是一位伟大的教育家。

大厦将倾

想要了解孔子，我们需要知道孔子生活的那个时代。公元前1046年，商朝的最后一位统治者商纣王在牧野之战失败后自杀身亡。代商而立的是周，史称"西周"。西周建立后，如同商一样，为了巩固国家的各个地区，它沿用了分封制的方法，通过给亲族大臣分封土地，让他们变成诸侯，从而实现对国家的统治。而诸侯的义务则是，需要定期给周天子纳贡，并且服从周天子的军事调遣。在西周初期，因为周天子对权力的掌控能力很强，所以诸侯们就如同众星拱月一样捍卫着王室，维护着国家的统一。然而，随着各地诸侯势力的增大，加之周天子的腐败，以前那种辐辏一样的关系，开始出现松动，而发生在公元前771年的一件事情，则使这个辐辏突然掉下一根危险的辐条来。

这一年，犬戎与诸侯合伙杀死周朝的最高统治者周天子，之后，又令周天子的长子为新的统治者。为了巩固新的统治，次年，周将都城从陕西的渭河流域东迁到了今天河南洛阳。在历史上，这一事件成为西周覆亡的终点，东周开始的起点。更为重要的意义在于，自此，诸侯的势力越来越大，虽然形式上，周天子还继续存在着，然而，他的

传说孔子的母亲颜氏在尼丘山上祈祷后生下了孔子，图为颜氏在尼丘山祈祷的情景。

权力日渐缩小,他的威望日趋消失。新的游戏开始了。在这个游戏中,为了抢夺地盘、获得财富,各诸侯之间互相征伐。战乱四起后,原有的秩序被打破,西周早期重要的政治家周公旦为自己的王朝精心设计的一套层层叠叠的"礼仪"开始崩溃,君不君、臣不臣,犯上作乱的事情开始屡见不鲜。

这注定是一个乱世的开始,这也注定是一个"乱世出英雄"的时代,对那些控制着一方政权的诸侯来说,他们个个磨刀霍霍,力图成为新的赢家;而对那些眼见了黎民之苦的志士仁人来说,如何改造这个世界,如何创造一个美丽新世界,他们则绞尽脑汁,苦苦寻觅……

勤学的穷少年

孔子为鲁国(都城在今山东曲阜)大夫孔纥之子,因为生下来头上有个凹陷,就像山丘一样,所以就取名叫丘,取字叫仲尼。3岁时,孔子的父亲逝世,只剩下他与母亲相依为命。孤儿寡母的艰辛可想而知,所以孔子很早就挑起了家庭的重担。艰难困苦的生活磨炼了少年孔子的意志,增长了他的见识和才干。

《史记》中记载说,孔子3岁时,父亲孔纥(字叔梁)就去世了。孔子小时玩乐,常常摆上俎豆等礼器,动作都合乎礼节法度。

17岁那年,一件不幸的事又降临在孔子头上——与他相依为命的母亲去世了。母亲是他唯一的亲人,她的去世给了孔子沉重的打击。他默默地埋葬了母亲,为她守孝3年。

母亲去世后,孔子开始了独立谋生的道路。虽然这对于年仅17岁的孔子来说,确实有些残酷,但他敢于与命运抗争,勇敢地挑战命运,开创自己的未来。

孔子成年后，曾为季孙氏那儿做过管理仓库的差事，图为孔子当时当差的情形。

孔子尝试着做过多种"鄙事"。为了谋生，他不怕苦，不怕累，也从不挑肥拣瘦。到了20岁左右，孔子先后到当时鲁国大贵族季孙氏那儿做过管理仓库和牛羊的差事，这都是被人驱使的不体面的活计，而孔子却任劳任怨。

孔子的这段经历，是他人生中非常宝贵的一课。这些遭遇，一方面使他深知人生艰难和民间疾苦，另一方面也锻炼了他的能力。所以当他成名后，一次，掌管宫廷事务的太宰问他的学生子贡："孔夫子莫非是圣人？为什么这样多才多艺？"子贡说："这本是上天让他成为圣人，而且使他多才多艺。"听到两人的议论后，孔子却说："太宰怎么会了解我呢？我因为少年时地位低贱，所以会许多卑贱的技艺。"

当然，仅仅练就一身本事，并不是孔子的志向。他的心中，有着更高远的理想，为了实现自己的理想，孔子还必须抽出时间来学习。

所幸的是，孔子所在的鲁国最早是周武王之弟周公旦的封地，因为周公旦为西周制礼作乐，所以鲁国遂成了著名的礼乐之邦，并保存了最丰富、最完整的周代礼乐和古文献。这种环境对孔子的成长极为有利。不但如此，鲁国还拥有最浓郁的学习氛围。鲁国人普遍好学，学礼学乐，蔚然成风。有一次，周大夫原伯鲁对人们的好学不以为然，还说："不需要学习，即使不学也没有什么坏处。"鲁国人听后，表示十分惊讶，说："学习如种植草木，不学则才智日退，如草木之枯萎落叶。"孔子生活在这样一种文化教育的大环境下，再加上母亲的诱导与启发，很自然地从小就养成了浓厚的学习兴趣。

正是这种好学不倦的精神，使孔子在而立之年时，成为了一代礼乐大师。从此，他可以用自己的知识去教导别人了。

创办私学的先行者

　　孔子还在少年时期，由于好学、知礼，已在鲁国小有名声。鲁国人几乎都知道他精于礼，对礼已有深入的了解，后来，他的名声还传到了鲁国国君那里。后来国君听说孔子的长子出生后，遂派人送给他一条鲤鱼，为此，孔子便以"鲤"为孩子命名。

　　不像如今拥有许多私立学校，在孔子那个时代，贵族们为了替自己培养继承者，往往将教育垄断起来，学府只向贵族子弟开放，因此，贫穷的孩子、地位低下的人难以进入学校学习，这就是所谓的"学在官府"。但是，由于春秋时期是一个大变革的时代，所以被贵族所垄断的学校在当时已经难以维系。在这种背景下，虽然极少，但是民间的一些学识优异之士还是乘机打出了设帐教学的旗号，于是一种崭新的教育形式——私学终于出现了。这不仅是中国教育史上，同时也是中国思想史、文化史上的大事。

　　从此，私学作为教育的基本形式之一，长期与官学并存，为社会培养了大批优秀人才；而且，一些堪称大师的人

　　孔子约30岁左右，最初的一些弟子来到他身边。此后，孔子一直从事教育事业，他广收门徒，相传弟子三千，其中贤人七十二。

世界大教育家成功故事

↑孔子

物，也正是在私人讲学活动中创立自己的学派的。

而立之年的孔子也顺应了时代趋势，及时抓住了这一难得的时代机遇。在鲁国，他第一个打出了"有教无类"的旗帜，开门办学，招收弟子，从而成功地创立了对中国教育、中国文化有重大影响的孔门私学。

孔子最初的几名弟子有颜路、曾点、子路等人。其中，颜路是颜回的父亲，曾点是曾参的父亲；子路为人直率，孔武有力，虽然不时顶撞孔子，但是每当孔子出行，他便既是车夫，又是随行护卫。后来，随着孔子的声望越来越高，前来求学的学子也越来越多。

为了招揽学生，孔子主张"有教无类"，也就是说没有人不可以接受教育。这种观点鲜明地与当时的贵族学校区别开来。当然，为了生活，想要跟随自己学习的学生，还是要交一些学费，即10条干肉。虽然相比官府的学校，这笔学费已经够低廉了，但对那些穷人来说还是一笔大数字。那么，是否凡是缴不了学费的人，孔子就一律拒收呢?查看孔子众多弟子的身份，我们很容易就能否认这点。因为像仲弓父、子张、季次等非常贫贱的人，孔子依然收留了他们。另外，为了表明自己对人才的看重要大于对他的地位的青睐，孔子曾经打比喻说："杂色牛生出红色的小牛，两角长得周正，即便你不想用它做祭品，山川的神灵难道会舍弃它吗？"

除了不论贫富以外，孔子招收弟子的一大特色还有不论年龄、不论地域。比如，子路只比孔子小9岁，但是孔子晚年招收的公孙龙，却比孔子要小50岁。在地域上，孔子的学堂里，既有鲁国本地人，又有外地人，比如子游是吴国人，子长是陈国人。可以想象，当孔子上课时，年龄不同、口音不同的学子齐集一堂，在当时一定是一大风景。

后来，由于求学者众多，孔子一人教不过来，他就让几

个才能较高的学生也分别带学生，如颜渊、曾参、子路、子夏等都有"门人"。孔子的学生称"弟子"，弟子的学生称"门人"。

先进的教学思想

　　孔子想将自己的学生教育成什么样的人呢？简单说，就是教育成君子、仁人。君子是孔子心目中具有理想人格的人。怎样才能成为君子？用孔子的话来说，就是"君子不器"。他认为，君子不应该像器具那样，只有某一方面的用途，应该多才多能，应该勇敢地担负起治国安邦的大任。也就是说，孔子培养人才的目标，是想让学生们"学而优则仕"，即学习好了就应该出去当官，应该为社会服务。

　　为了达到这个目标，孔子从文献、实践、忠心和诚信四个角度教育学生。在具体的教学上，孔老师为学生们设置的课程一点也不简单。学生们的主要课程有礼、乐、射、御、书、数六种。礼是周公制定的典章制度；乐是音乐；射是射箭，属于军事；御是驾车，也属于军事；书是写字；数是数学

◆ 孔子讲学

↑孔子和他的学生在讨论问题

计算。

在所有的学习中,孔子最重视对学生品行的教育。在这方面,孔子向弟子传授了很多心得,留下很多记载,如:

子由问老师:"什么是智慧?"

孔子答:"知道的就是知道,不知道就是不知道,这就是智慧啊!"

弟子们问他:"什么时候才能学习诗书礼乐等文化知识?"

孔子答:"在父母跟前,就要孝顺父母;出门在外,要顺从师长。需要格外注意的是,言行要谨慎,要诚实可信。要广泛地去爱众人,亲近那些有仁德的人。这些都做好了,如果还有余力,就再去学习诗、书、礼、乐等知识。"

对此,孔子的弟子曾子后来补充说:"我每天多次反省自己,为别人办事是不是尽心竭力了?同朋友交往是不是做到诚实可信了?老师传授给我的学业是不是复习了?"

面对有的学生总是说得多,做得少,整天夸夸其谈,孔子告诫他:"说得多而做得少是可耻的。"

为了勉励学生拥有坚强的毅力,朝着自己的理想奋斗,孔子又语气铿锵有力地说:"三军可夺帅,匹夫不可夺志也。"意思就是,一国军队,可以夺去它的主帅;但一个男子汉,他的志向是不能强迫改变的。

看见有的弟子临危退缩,没有克服困难的勇气,他又鼓励他们:"只有到了寒冷的季节,才能知道松柏最后一个凋谢,你们应该学习松柏的这种精神。"

作为古代一名伟大的教育家,孔子有了自己的教育方向、教育目的,在教学方法上也非常先进。

首先,孔子注重因材施教原则。在《论语》这本描述孔子及其弟子言行的书中,有这样一个故事。故事说,有一天,子路问孔子:"听到了就行动起来吗?"孔子说:"父亲和哥哥都还活着,怎么能听到就行动起来呢?"之后,冉有又问孔子:"听到了就行动起来吗?"孔子说:"听到了就行动起来。"听了两位同学与老师的对话,待在一旁的公西华纳闷了,他请教孔子:"仲由问'听到了就行动起来吗?'您回答说'有父兄健在'所以不能做;冉有问'听到了就行动起来吗?'您却回答'听到了就行动起来'。同样的问题,您却给了不同的答案,我都糊涂了。"听到公西华的疑惑,孔子笑答:"冉有总是退缩,所以我就鼓励他,不要总是畏首畏尾;仲由好勇过人,所以我就拿话压压他,让他以后做事别那么冲动。"

因为知道需要因材施教,所以孔子就特别注意观察学生的优缺点。比如,他就曾谈过,师也辟(颛孙师偏激)、参也鲁(曾参迟钝)、由也彦(子路鲁莽)、柴也愚(高柴愚笨)、求也艺(冉有有才华)、赐也达(端木赐识大体、懂道理)。

摸清了学生的特点,孔子便有针对性地教导他们。后来,他的学生大多都在一个特殊的领域内卓有建树。其中,颜渊、闵子骞、冉伯牛、仲弓德行优秀;宰我、子贡善于辞令;冉有、季路擅长政事;子游、子夏通晓文献知识。

除了因材施教外,孔子在教学活动中,从来不喜欢灌输知识,因为他明白"知之者不如好之者,好之者不如乐之者"。只有引起了学生的兴趣、让学生快乐地学习,引发他们的思考并予以启发,才能

🔲 孔子

真正地促进他们的学业。为此,他就曾说过:"只读书学习而不思考问题,就会受欺骗""教导学生,不到他实在弄不明白的时候,不去开导他;不到他想出来却说不出来的时候,不去启发他。教给他一个方面的东西,他却不能举一反三时,那就不再教他了。"

在《论语》中,关于孔子启发学生的故事有很多。

一次,子贡问孔子:"虽然贫穷,但不谄媚;虽然富有,但不骄傲自大,这种品德怎么样呢?"孔子答道:"这也算可以了。但是,如果虽贫穷但依旧乐于道,虽富裕而又好礼,那就更好了。"听了老师的话,子贡想了一会,又对孔子说:"您的意思是不是说,修身、做学问应该朝着更高的目标努力,这就像《诗经》中所说的,对待骨、角、象牙、玉石等,要不断地打磨?"一听学生说出了这样的话,孔子非常高兴,当即赞赏子贡:"赐(子贡的全名叫端木赐,子贡是他的字)呀,你能从我已经讲过的话中领会到我还没有说出的意思,我可以同你讨论《诗经》了。"

虽然孔子在教学上态度严厉,不喜欢那些不爱思考的人(对待自己最喜欢的弟子颜回,在这方面,孔子也绝不庇护,他曾生气地说:"我整天给颜回讲学,他从来不提反对意见和疑问,像个蠢人。"后来,证实这只是个误解,因为颜回擅长在私下里琢磨问题),但是在上课时,孔老师却一点也不严肃,有时他会和弟子们一起踏着舞步唱歌,唱到尽兴时,如果谁唱得格外好,他还会再次邀请他唱。有时,他则和学生们三五成群地坐在一起,通过聊天、谈心,来启发、了解学生。

孔子讲学的情景,孔子从30岁左右开始讲学,此后培养出大批有才干的学生。

一次,子路、曾皙、冉有、公西华四个人围在孔子周围。孔子说:"你们平日里总说:'没有人了解我呀!'那么,假如有人了解你们,请你们出去做事,你们能做到什么程度?"通常老师问问题,子路几乎都是

抢答，这次他仍旧不礼让："一个拥有一千辆兵车的国家，如果它恰好夹在大国中间且又常常受侵犯和闹饥荒。让我去治理，只要三年，就可以使人们勇敢善战，而且懂得礼仪。"孔子听了，微微一笑。然后，他转而问冉求，冉求答道："一个六七十里或五六十里见方的国家，让我去治理，三年以后，就可以使百姓饱暖。至于这个国家的礼乐教化，就要等君子来施行了。"孔子又问："公西赤，你怎么样？"公西赤答道："我只愿在宗庙祭祀的活动中，或者在同别国的盟会中，穿着礼服，戴着礼帽，做一个小司仪。"孔子又问："曾点，你怎么样呢？"这时，曾点弹瑟的声音逐渐放慢，接着"铿"的一声，离开瑟站起来，回答说："我想的和他们三位说的不一样。"孔子说："那有什么关系呢？大家随便聊聊。"曾皙便说："我但愿在三月时节，穿上春天的衣服，和五六位成年人，六七个少年，去沂河里洗洗澡，在舞雩台上吹吹风，一路唱着歌走回来。" 正因为有这样科学的教育方法，孔子才培养出了众多贤能的弟子，成为后人所称道的万世师表。

↑后人为纪念孔子而建的孔子雕像

颠簸的宦途

春秋时期，不仅周天子难以控制各个诸侯国，就连一些诸侯国内部，也不断发生骚乱。其中，孔子所在的鲁国即是这种情况。

按理，鲁国的最高统治者应该是鲁君，但是，后来，大权却被鲁国的孟氏、叔氏、季氏三个大夫所控制。这三个大夫被称做"三桓"，他们与鲁君拥有同一个祖先。三桓不但有坚固的城堡，而且有军队、大臣、奴隶等，俨然是一个

山东曲阜孔子庙

小王国；但是，由于互相争斗不息，他们自己内部又起了纷争，替他们掌管内部事务的家臣又反过来篡夺他们的权力。

公元前517年，季氏与孟氏、叔氏一起攻打当时鲁国的最高统治者鲁昭公，并一举将其赶出鲁国。之后，势力最强的季氏竟公然让舞者们跳一种只有鲁君才有资格观看的舞蹈，如果在过去，这显然属于以下犯上。但在当时，季氏却有恃无恐。对此，孔子愤怒地说："是可忍也，孰不可忍也！"这一年，孔子35岁。感到鲁国已经不可久留，他启程前往齐国（都城在今山东淄博）。

到齐国后，齐景公问孔子如何才能治理好国家。孔子回答："君要像君，臣要像臣，父要像父，子要像子"。对孔子的回答，齐景公很满意，但是碍于自己大臣的阻挠，他只得对孔子说："我老了，不能任用你了！"为此，孔子离开齐国返回鲁国。

公元前510年，四处流亡的鲁昭公去世，他的弟弟继位，即鲁定公。这时，季氏的权力虽依旧很强大，但是他的家臣阳虎、公山不狃等却同样不是泛泛之辈。孔子因为当时办私学已经在鲁国拥有了很高的名声，所以公山不狃就请他出来做官。孔子想着虽然是家臣叛乱，但如果能重用自己，自己一定让鲁国重新恢复秩序，于是，他便准备答应公山不狃；但是，子路对他的决定却很生气，他拦住孔子："没有地方去就算了，为什么一定要去他那里？"孔子说："他来召我，难道只是一句空话吗？如果有人用我，我就要在东方复兴周礼，建设一个东方的西周。"

公元前501年，孔子51岁。就在这年，他被鲁定公任命为中都宰（中都是一个城邑，宰指该邑的长官）。之后，仅仅用了一年，孔子就使中都成为诸侯们效法的榜样。鲁定公非常高兴，召见了孔子，问："用你治理中都的办法来

治理鲁国如何?"孔子十分自信地回答说:"岂止是鲁国,用来治天下都是可以的。"

孔子的政绩及才干受到了鲁定公的赏识,第二年,孔子即升任司空。司空是负责国家工程事务的官员。孔子担任司空的时间虽然很短,但他仍然坚持为国以礼的原则,尽可能地纠正一些不合礼制的行为。

没过多久,孔子又担任了鲁国的司寇一职。司寇是国家最高司法长官,有很大的权力。但孔子却不滥用职权,在断案时总是善于听取不同意见,尽可能做到公正地判决。同时,他注重礼义教化,反对"不教而杀"。

有一次,一对父子闹矛盾,闹到了他这里。孔子却没有立即判决,而是推后处理。结果三个月后,父亲一方主动请求撤诉,使这件事情有了一个比较令人满意的结果。这件事在当时引起了很大的争论。季氏认为,儿子控告父亲是为不孝,应杀而杀,这不符合"为国必以孝"的原则。孔子则认为:出现父子相讼的问题,责任在上,不在下,是当政者不重视教化造成的。办案既要公正又要灵活,要把办案变成教育民众的一种手段,寓教化于办案中,让民众明白道理,提高辨别能力,自觉遵守伦理道德,减少或避免类似的事件发生,这才是办案的最终目的。

接连取得的成功使孔子在鲁国的声望有了极大提高。鲁定公十四年,孔子由大司寇行摄相事,取得了与闻国政的权力。

这时,孔子达到了其出仕从政的顶峰,这时的孔子也充满了自信,经常与弟子们谈论人生志向。一次,他要颜渊、子路谈谈各自的志向,他们分别谈完了之后,也请老师谈谈自己的志向,孔子说:"老者安之,朋友信之,少者怀之。"

■ 鲁定公十四年孔子由大司寇行摄相事,诛杀了"乱政"大夫少正卯,参与国家大事三个月后,鲁国人路不拾遗,男女有别,东西没有虚价,国家呈现"大治"的景象。

就在孔子踌躇满志,准备为实现自己的志向而努力的时候,他精心设计的一个重要的事件——"堕三都"不幸失败,从而结束了孔子在鲁国的政治生涯。

原来,鲁国的家臣势力已经越来越难以控制。一有机会,他们就蠢蠢欲动,图谋不轨。鲁定公十年,叔孙氏的家臣侯犯又开始叛乱。而对于鲁定公来说,家臣势力虽然对他并无直接的威胁,但考虑到打击家臣势力,有利于削弱"三桓",加强公室,所以他也是十分支持。

在这种情况下,孔子精心策划了一个"堕三都"的计划。这是他行摄相事以来采取的一项重大举措。"三都",指"三桓"的三个采邑。邑是规模不大的城,它们中规模较大的叫做"都"。"三都"由于家臣们的长期经营,已经成为固若金汤的军事堡垒。"堕三都"就是拆除三都的城墙和其他防御设施,使盘踞于其中的家臣无险可守,容易解决。孔子提出"堕三都"的计划,表面上是打击家臣势力,解除"三桓"的忧虑,实际上,他是想利用此举"强公室,弱私家",逐步恢复国君的权威。

但是,"三桓"在执行计划过程中,逐渐了解到孔子的真正意图,因而废止了计划。这个计划失败之后,"三桓"首先打击的就是孔子。他们联合起来对付孔子,故意冷落他。第二年,齐国送给鲁国国君很多美女和好马,诱使鲁国君臣沉溺于声色犬马之中。于是,季桓子和鲁国国君整

⬆ 齐国听说孔子执政,担心鲁国称霸会并吞齐国,便赠送给鲁定公美女和好马,企图使鲁国君玩乐丧志。

天寻欢作乐，不问政事。孔子见此情景，只能怀着一腔遗憾离开鲁国。

公元前 497 年，孔子离开鲁国，去了卫国。

周游列国

公元前 497 年，55 岁的孔子率领弟子们开始了长达 14 年的颠沛流离的生活。孔子与弟子们离鲁而去，并非漫无目的地流亡，而是到异国他乡寻求参政的机会。

孔子一行来到卫国（都城在今河南濮阳县），就被沿途所见的富庶景象吸引住了。孔子不由自主地赞叹："人口真多啊。"这时，正在驾车的弟子冉有不失时机地向老师请教治国方略，问："人口多了，然后怎么办？"孔子回答说："让人们富裕起来。"冉有又问："人们富裕了，下一步又该怎么办呢？"孔子回答说："让人们接受教育。"

庶、富、教，在孔子看来，是为政的三大步骤。当时，地广人稀，人口是制约社会经济发展和国力是否强盛的重要因素。所以各国都希望本国人口众多，甚至把招徕人口作为一项政治目标。孔子称赞卫国人口多，是对卫国之政的肯定。但孔子认为，仅仅人口多还不够，还要进一步让人们富裕起来，过上幸福安康的生活。只有生活富足，人们才拥有更多的时间和精力从事艺术、文化、教育等活动。孔子是中国历史上最早提出富民主张的思想家之一。至于教育，孔子一向非常重视，认为教育是培养君子、提高人们文化素质和道德水平的基本手段。

孔子一行到达卫国都城后，先在子路的一位连襟颜仇由家住下。由于孔子的巨大声望，卫灵公马上接见了孔子。孔子刚刚到达时，子路的另一连襟弥子瑕希望孔子住在他家，他凭借自己是卫灵公的宠臣，对子路说："如果孔子投靠我，可以取得高位。"孔子不是无原则之人，决不肯降志求荣，因此谢绝了。

一段时间后，由于孔子在卫国一直得不到任用，所以他只好离开卫国，准备前往陈国。没想到，在经过匡邑（今属河南）时，却遭遇了意外的危险。

匡邑原属卫国，后来被郑国所占。阳虎率兵侵郑时，曾攻下匡邑，当时孔子的一名弟子颜刻跟随阳虎参加了攻打匡邑之役。孔子一行路经匡邑时，颜刻驾车，他回忆起当年情景，不禁大发感慨，指着一处城墙缺口告诉别人说：我当年就是从这个缺口攻入匡邑的。这话恰巧被路旁的匡人听到，他们又发现车上的孔子长得很像阳虎，以为阳虎又来了，于是喊来很多人，立即追捕。弟子们被冲散，孔子被匡人拘押了起来。

孔子被匡人拘押期间，弟子们十分担心他的安危，而孔子却非常镇定。

之后，孔子在晋国的边境徘徊了一段时间后，又返回了

孔子离开卫国去陈国，路过匡邑，鲁国的阳虎曾施暴于匡人，孔子长得很像阳虎，匡人就不把孔子师徒围拘了五天。图为孔子路过匡邑的情景。

卫国。这次，卫灵公的态度转变，亲自到城外迎接。卫灵公的夫人南子名声不好，但由于她也十分仰慕孔子，所以也很想见见孔子。于是，她派人请孔子前来一见。二人相见时，南子坐在薄薄的纱帐内，孔子进来后向南子施礼，南子在纱帐内答礼。由于隔着一层纱帐，孔子看不清南子的面貌，只听到南子身上佩戴的玉器的响声。

子路对孔子见南子一事很不以为然，他认为，像孔子这样有学识、有名望的人去见一位名声不雅的女人，实在有失体面，于是很不高兴。孔子见状，指天发誓："如果我做了什么不正当的事，就让上天谴责我吧！让上天谴责我吧！"

这次，孔子在卫国又没有受到重用。

公元前493年，孔子再次来到卫国。一次，卫灵公向孔子请教布阵作战之事，孔子回答说："祭祀之事我听说过，军旅之事却从未学过。"第二天，卫灵公与孔子谈话时就表现得心不在焉，不时地抬头看看天上的飞雁，故意冷落孔子。孔子知道卫灵公的意思，于是离开了卫国。孔子离开不久，卫灵公就去世了。

离开卫国后，孔子到达宋国（都城在今河南商丘）。可是，当他同弟子们在大树下演习礼仪时，因为之前曾经批评过宋国的司马不施仁政，所以该司马怀恨在心，

图为孔子到达宋国在大树下讲礼仪被宋国司马迫害的情形

看到孔子来到了自己的地盘，随即命人将大树推倒，并要迫害孔子。孔子只得乔装打扮逃离宋国。当大家到郑国时，由于慌乱走散了。为了寻找孔子，子贡向一位当地人打听，那人便说："东门有个人，瘦骨嶙峋的像一只丧家之犬，想来就是你要找的人。"子贡前去一看，果然是孔子。后来，他还把丧家之犬的话告诉孔子。孔子欣然笑着说："我的确像一只丧家之犬啊！"

在郑国稍稍整顿之后，孔子与弟子继续赶路，终于到了陈国。陈国是南方小国，是舜的后裔的封国。孔子先投奔了陈大夫司城贞子，接着又受到了陈侯的敬重和礼遇，被安排到上等馆舍住下。于是，孔子决定留下来。孔子在陈期间，主要从事教育活动，他招收了陈国的子张、陈亢、巫马施等人为弟子，他的几名后期弟子如子夏、子游等也可能是在这期间来投于孔子门下的。

在此期间，利用周游的时间，孔子也不忘教育弟子。

一次，孔子告诫子夏："你要做一个君子式的儒者，不要做一个小人式的儒者。"意思就是说，要子夏将眼界放开，要做对国家有用的儒者，不要做沽名钓誉的儒者。

子夏又问什么是孝，孔子说："当子女的要尽到孝，最不容易的就是对父母和颜悦色。如果仅仅是替父母做事，有了酒饭让父母吃，这算不上真孝！"

就同一个问题，子游也问孔子，孔子答道："现在人们讲起孝，以为只要养活爹妈就可以了，但是我们也同样饲养狗马等牲畜。如果对父母不恭敬，养爹妈和养狗马有什么区别？"

虽然颠沛流离，但是孔子就这样边走边授徒，后来，他的声名越来越大，连南方的楚国(都城今湖北荆州)都知道了。楚昭王很仰慕孔子，当他得知孔子在陈时，便派人聘请孔子来楚国，并准备封给他一块地，但因为遭到一些大臣的反对而作罢。楚国是南方大国，楚庄王时曾经争霸中原，可与齐、晋分庭抗礼。孔子既然受到了邀请，也就打算赴楚一游。

🔖孔子来到陈国，寄寓在司城贞子家。

自陈入楚，蔡国是必经之地。陈蔡都是小国，春秋后期，夹在吴楚之间不得安宁，尤其是常常遭到楚国的侵伐和摆布，而且由于连年战争，陈蔡一带人烟稀少。

孔子前往楚国，这引起了陈蔡大夫的

警惕,他们认为孔子久留于陈蔡之间,了解他们的底细,不满他们的行为,孔子入楚必受重用,这将对他们十分不利。于是,当孔子师徒在旷野上行进的时候,陈蔡大夫相继派人围攻阻拦,致使孔子一行严重受困,在荒无人烟的旷野上,水断粮绝,连续七天七夜,没有吃上一口饭,只能以野菜充饥,饿得大家东倒西歪,面有菜色。

面对这种困境,孔子还是气定神闲,讲诵不止,弦歌不绝。孔子抚琴弦歌是为了鼓舞大家的士气,可是,弟子们却很疑惑,认为在这种困境下,怎么还有心思弹琴?就连忠心耿耿的子路、子贡都不由得抱怨起来,子路还没好气地问孔子:"君子也有穷困的时候吗?"孔子回答:"君子固穷,小人穷斯滥矣。"意思就是,君子在走投无路时,还能保持自己的节操;而小人在困穷时,就会不择手段。

眼见弟子们一个个垂头丧气,无精打采,为了鼓励他们,孔子又轮番和他们谈心。由于子路怨气最重,孔子就首先将他叫到面前。

世界大教育家成功故事

↑图为孔子在去楚国的途中被陈蔡两国围困的场景

孔子问子路:"我们的学说难道有不对的地方吗?何以沦落至此?"子路说:"因为我们可能还没有达到仁,还没有达到智吧!所以别人不信任、不实行我们的学说。"孔子说:"真是如此?仲由,假如仁就必定受到信任,哪来的伯夷、叔齐?假如智者必定能行得通,怎么还会有王子比干?"

子路出去后,子贡被叫了进来。孔子又问"我们的学说难道有不对的地方吗?何以沦落至此?"子贡说:"那是因为老师的学说太高深了,所以天下没有国家能容得下您。老师是否可以稍微降低一点点标准呢?"孔子说:"赐,好农夫善于播种但不能保证获得好收成,优秀的工匠擅长工艺但不能迎合所有人的要求。君子能够完善自己的学说,用法度来规范国家,但不能保证被世道所容。如今你不完善你信仰的学说却急着追求被大家认可。赐,你太急功近利了!"

子贡出去后,接着是颜回。孔子又问了刚才同样的问题。颜回答道:"老师的学说极其宏大,所以天下没有国家能够容纳。即使如此,老师推广而实行它,不被容纳怕什么? 正是不被容纳,然后才现出君子本色! 老师的学说不完善,这是我们的耻辱。老师的学说已经努力完善但还是不被采用,这是当权者的耻辱。"听完颜回的一番话,孔子高兴地笑道:"回啊! 你说得好啊! 如果你拥有很多财产,我甘心给你当管家。"

就这样,经过孔子一番教诲,弟子们的怨气少了很多。

随后,孔子师徒商量对策,决定让能言善辩的子贡前往楚国求援。很快,楚国救援人员赶到,接应孔子一行到了负函。负函是蔡地,但却属于楚国的势力范围。楚大夫叶公子高驻守在负函,他对孔子的到来十分欢迎,给予了很高的礼遇和款待。负函至楚国郢都山高路远,孔子一行已是疲惫至极,只得在负函停留了下来。

公元前489年,楚昭王去世,加之楚国内部又出现了诋毁孔子的声音,孔子遂打消了赴楚的念头,决定离开负函,再回卫国,在那儿就近观察鲁国的局势,等待回鲁国的机会。

↑图为孔子离开负函返回卫国的场景

由负函至卫,要走很长的路程,这对于年已六十多岁的孔子来说,不是一件轻松的事情。果然,孔子在路上病倒了,而且病情还很危重。弟子们惊慌失措,不知道该怎么办。只有子路还比较镇定,他让门人担任治丧之臣,准备为孔子料理后事。过了很长时间,孔子渐渐苏醒了过来。他知道了子路的所作所为,十分不满。因为,按礼的规定,像孔子这样的身份,死后是不应该设治丧之臣的。他本人知礼守礼,平日也教育弟子知礼守礼。于是他十分生气地对弟子们说:"这么长时间了,子路一直在干这种欺人的勾当。不该设治丧之臣而设治丧之臣,我欺谁呀,欺天吗?我与其死在治丧之臣的手里,还不如死在你们这些弟子的手里呢。我纵然死后不能享有隆重的丧事,我也不至于死在路上啊。"

孔子病愈之后,与弟子们终于回到了卫国。

删订诗书

公元前484年,孔子在卫国等来了归鲁的机会。这一年,任季氏宰的孔子的弟子冉求打了胜仗。季康子非常高兴,问他:"你的军事才能是天生的,还是学来的?"冉求回答是从孔子那里学来的,并且将孔子称赞了一番,季康子当即表示要把孔子请回来。

这时,孔子在卫国也遇到了一件不愉快的事。卫国执政孔文子与太叔疾有矛盾,孔文子想以武力解决,便请孔子帮其出谋划策。孔子对此十分反感,说他不懂军旅之事。说罢,叫人套上车子要走,说:"鸟儿能选择树木而栖,树木岂能选择鸟儿?"孔文子急忙阻止,一再挽留。

恰在此时,季康子派来的使者公华、公宾、公林等人来到了卫国,他们为孔子带来了重礼,迎接孔子归国。孔子不再犹豫,率领他的弟子愉快地踏上了归国的路途。

孔子回到鲁国,结束了长达14年颠沛流离的困苦生涯,这一年他已经68岁了。这时,孔子年龄大了,不可能再从政了。而鲁国君臣,从鲁哀公到季康子,也不想用孔子为政,他们只想让孔子充当顾问,为他们的政事提供咨询。于是他们授予了孔子一个荣耀很高的头衔——"国老"。

孔子任"国老",虽然不参与具体政务,却是最高国事顾问,举凡国事、朝政,他都了解、掌握。一次,冉求退朝回来晚了,孔子问他为什么,他解释说是"有政"。孔子说:"不过是有事罢了。如果有政,我虽不为官,也是知道的。"

孔子任"国老"期间,除了充当国事顾问以外,仍然十分关心文化教育事业。他特别留心文化典籍方面的情况。早

季康子派来的使者迎接孔子归国

孔子回到鲁国，结束了十几年周游列国生活，但鲁国不用孔子，孔子也不求仕，整理古代文献，序《书》，传《礼》，删《诗》、正《乐》、赞《易》、以诗书礼乐教育弟子。弟子三千，身通六艺者有七十二人。

在他招徒讲学之初，就以诗、书、礼、乐教授弟子，而诗、书、礼、乐的文本情况极为复杂，如果不加以选择、整理，很难用于教学。更重要的是，典籍的保存、整理与流传，是学术文化发展和积累的基本途径。而鲁国是文化重镇，典籍尤其多。

可是，在孔子的时代，随着礼崩乐坏、学术下移，典籍散失的情况十分严重。孔子宣称"斯文在兹"，承担着传承"斯文"的重大历史使命，他不能无视"礼、乐废，诗、书缺"的现实，他必须有所担当，有所作为。因此，他在晚年从当时留传的大量典籍中，选取了最重要、最有代表性的六大类，加以认真系统的筛选、编辑、整理，最终编成了《诗》《书》《礼》《乐》《易》《春秋》六部书。

起初，他的本意也只是为了向他的弟子们提供六种学习的教材，然而事实上，他却通过对这六类文化典籍的整理，全面总结了尧舜以来的礼乐文化，为儒学、也为后世提供了新的经典文本，对中华文明的传承与发展作出了巨大的贡献。

斯人逝去

孔子的最后几年比较凄凉，因为几个亲密的人都先他而去了。孔子的儿子孔鲤在孔子70岁这一年去世，年仅50岁。孔鲤去世的第二年，颜渊又不幸去世。颜渊去世，孔子哭得非常伤心，连声喊道："是老天爷真要我的命呀！是老天爷真要我的命呀！"弟子们见他这样伤心，不免劝慰他，认为他悲伤过度，孔子听后，依旧泪流不止地说："是悲伤过度了吗？我不为这个人悲伤过度，又为谁呢？"

颜渊死后，孔子另一个心爱的弟子也紧随而去，他就是子路。早先，因为子路为人鲁莽，所以孔子屡屡劝他凡事忍耐三分，但子路就是秉性难易。一次，闵子骞、冉有、

子贡、子路几个师兄弟待在一起,孔子见到前面三个温文儒雅,十分高兴,可再看子路一副横眉怒目的样子,就不免为他担心:"像仲由这样,只怕不得好死吧!"

果不其然。公元前480年,子路前往卫国担任卫大夫孔悝的邑宰。后来卫国大乱,孔悝被人劫持,子路为解救孔悝,与两名甲士搏斗。这时的子路年事已高,力不从心,被击倒在地,冠上的带子也被斩断了。他说:"君子死,冠不免。"遂把冠上的带子系好,从容而死。

孔鲤、颜渊、子路的相继去世,让孔子受了很大打击。公元前479年,孔子病重。之后,因为精力有限,虽说有时也会和弟子们聊聊天,但多数时间只得静静休养。

一天早上,孔子挣扎着站了起来,扶着手杖,一个人来到门外,无限伤感地唱道:

"泰山其颓乎!(泰山要崩塌吗!)

梁木其坏乎!(梁木要折断!)

哲人其萎乎!(哲人将要逝去!)

刚刚从外地急忙赶来的子贡,听到歌声,知道孔子将病重不起,立即前来照看老师。之后,孔子病情加重。不久,他即溘然长逝,旁边的地上,尚有一卷被打开的书籍……

孔子逝世后,弟子们纷纷按照老师生前的遗嘱,遵照当时的礼节埋葬了孔子。举行丧礼时,除了许多门生外,鲁哀公也亲来吊唁。之后,弟子们为老师守服三年,并在孔子的墓旁种植柏树。三年期满,当众人都依依不舍地离开时,子贡仍然留了下来,再次守服三年。

▲孔子死后埋葬在鲁国都城以北有泗河边上,弟子服丧三年,相别而去,独有子贡在墓侧结庐守墓六年才离去。

桃李遍天下

虽然孔子一生都有治国平天下的理想,但是因为种种限制,在政治上,他未能实现自己的夙愿。不过,作为一生的重心，教育堪称孔子生命的支点。他不仅在当时就培养了众多俊杰，而且他的教育思想也深深地影响了后世。

有关孔子弟子最有名的表述是"孔门弟子三千，达者七十二人"。这里的三千是虚数，是说孔子门生很多，七十二人则是指弟子中佼佼者的数量。

因为孔子采取因材施教的原则，所以弟子们的个性往往得以充分发展。也是这个缘故，三千弟子，百花齐放、各展风采。他们有的德行美好，有的善于政事，有的长于言辞，有的精于文学。学成之后，他们不仅在鲁国，而且在其他国家一展抱负。其中，在七十二贤达者中，比较有代表的是下面几位：

颜回，鲁国人。以德行见称。孔子曾评价道："颜回的品质是多么高尚啊！一箪饭，一瓢水，住在简陋的小屋里，别人忍受不了这种穷困清苦的生活，颜回却不改其乐。颜回的品质是多么高尚啊！"

端木赐，字子贡，他在孔子的弟子中十分突出。这表现在：第一，他是师兄弟中最富有的人。由于善于经商，能看准市场的变化，所以通过灵活的经营，子贡家累千金。第二，因为家资富饶，再加之他善于雄辩，所以子贡经常驾着马车、带着厚礼，出入于各国之间。《史记》中曾记载了这样一个故事：齐国的田常准备攻打鲁国，国家危难之际，孔子对弟子们说，你们谁愿意走一趟？这时，子路立马响应，但未被允许，后来子贡请求，孔子随即同意。

之后，子贡开始在齐国、吴国、越国、晋国等国之间纵横捭阖，尽情施展他的辩才。最终，鲁国的威胁不但被解除，而且导致了吴国灭亡，越国称霸。对此，司马迁评价道："子贡一出，存鲁，乱齐，破吴，强晋而霸越。"

由于卓越的理财与外交能力，子贡曾担任过鲁国与卫国之相。在孔子活着时，子贡就享有"国际声望"；孔子逝去后，鲁国的许多大臣一度认为子贡要比孔子厉害。对此，

▲人们为了纪念孔子做的孔子的雕像

子贡则一直很谦虚。

言偃，字子游，他是孔子七十二贤人弟子中唯一来自南方的。当初，孔子在招收他的时候，就曾笑道："以后通过子游，我的学说就可以在南方传播了。"后来，子游担任了鲁国的武城宰。到任后他不但加强该地的军事训练，而且注重通过礼乐教化人们。一次，子游邀请孔子参观武城。一进城，孔子就听到处处有音乐声，于是笑着对子游说："杀鸡焉用牛刀！"意思是说，治理该地不用小题大做，以礼乐来教育。听了老师的话，子游回答："老师教导我们，做官的学习了就会有仁爱之心，老百姓学习了就容易管理，教育总是有用的啊！"孔子对子游的回答很满意，遂接着对周围的弟子们说："子游说得好，我刚才的话不过是开个玩笑罢了。"

这些弟子在当时有什么影响，我们可通过下面一段话窥一斑而知全豹。

当孔子周游列国时，楚昭王准备邀请孔子来楚国。令尹子西知道了这个消息，连忙进谏楚王："大王，楚国出使诸侯的使者中，有像子贡这样的人才吗？"昭王说："没有。"子西又问："在国相中有像颜回这样的人才吗？"昭王说，"没有。""在将帅中有像子路这样的吗？"昭王说："没有。"子西再问："在大臣中有像宰予这样的吗？"昭王还是无奈地说："没有。"一番话下来，楚昭王害怕孔子和弟子们联合起来威胁到楚国，所以邀请孔子的计划也随之取消。

因为弟子们在孔子跟前受益颇多，而且许多又曾追随孔子历经坎坷，周游列国，所以在朝夕相处中，他们不仅产生了师生之谊，而且产生了亲情。这一点，从子贡为孔子守服六年即可看出。

作为一名老师，孔子正是因为有了这种人格的魅力，才被称为"万世师表"。

孔子死后，人们每年按时到孔子墓祭祀。孔子故居被改做庙宇，保存着孔子生前使用过的衣、冠、琴、车、书。汉高祖刘邦经过曲阜，也以太牢（猪、牛、羊三牲）祭祀孔子。

大事年表

约公元前 551 年	孔子生于鲁国陬邑昌平乡（今山东曲阜城东南）。
前 549 年	父亲孔纥卒，葬于防山。后与母亲相依为命，生活艰难。
前 535 年	母亲逝世。
前 533 年	孔子在鲁，娶宋人女为妻。
前 532 年	孔子得子，因鲁昭公赐鲤鱼，故给其子起名为鲤。同年，孔子开始为委吏，管理仓库。
前 531 年	孔子说："吾少也贱，故多能鄙事。"
前 525 年	大约在此时，孔子开办私人学校。
前 518 年	孔子拜访老子，向他请教礼；拜访苌弘，向他请教乐。
前 501 年	孔子任中都宰，治理中都一年，四方仿效。
前 498 年	孔子担任鲁司寇，为削弱"三桓"，采取"堕三都"的措施，后失败。
前 496 年	孔子由大司寇行摄相事，取得了与闻国政的权力。
前 497 年—前 484 年	孔子因与季氏不和，遂离开鲁国前往卫国。此后，开始在列国之间漂泊，为时 14 年，辗转在卫、宋、齐、郑、晋、陈、蔡、楚等地。
前 480 年	修《春秋》，编订"六经"。颜回去世，年仅 41 岁。子路被杀。
前 479 年	孔子逝世，后人称其为"万世师表"，终年 72 岁。

苏格拉底

苏格拉底是古希腊最早的教育家之一，因为生逢其时，他生活在雅典最伟大的时代，他的童年以及青年都沉浸在雅典灿烂的文化中；然而，因为战争的缘故，"雅典母亲"受到了沉重的创伤。为了复兴雅典，为了传播自己的理念，苏格拉底开始传道授业。从此，他赤脚踏遍雅典的街道，凡是走过之地，几乎都能听见他智慧的辩论声。

如同等待小生命降世一样，苏格拉底用他精湛的方法引导学子们发现新知。从他与学生的辩论中，我们能听见关于善良、勇敢、美德、正义等问题的真知灼见，也能领略到这位教育家高尚的品行。

全希腊的学校

2000多年前,在美丽的爱琴海以及希腊半岛上,希腊人建立了许多个大大小小的政权。由于这些政权往往以一个大城市为中心,故而又称城邦。在所有的希腊城邦中,雅典和斯巴达实力最强。

雅典地处阿提卡半岛,境内多山丘,不宜发展农业,但由于三面临海,所以手工业、航海业和商业贸易都很发达。

公元前6世纪,执政官梭伦对雅典的政治制度进行了改革,从而奠定了雅典奴隶主民主政治的基础。公元前5世纪,执政官伯利克里的治理使雅典的民主制度进一步得到完善。

作为人类早期的民主政体,雅典的民主很有特色。在雅典,公民大会是最高的权力机构,按照一定时间召开。凡是年满20岁的雅典男姓公民,都可参加该大会。由于公民大会并非时时召开,所以为了便利地处理日常事务,雅典人又增设了"五百人会议"作为大会的常设机构。"五百人会议"由雅典十个选区内各自选出50名议员组成,相当于雅典的政府机构,只要是城邦的事务,不论涉及经济、宗教,还是社会方面,都可在该会议进行表决安排。通过公民大会和500人会议,雅典人实现了自己有限的民主和自由。

公元前479年,包括雅典与斯巴达在内的希腊城邦国家与波斯之间的惨烈战争基本奠定希腊胜势。此后,雅典与自己的老对头斯巴达又签订了"三十年合约",以维持相互的稳定。没有了内忧与外患,雅典在经济、军事、文化方面快速地发展起来,产生了众多成就:它的航船载着大量的货

↑ 图为雅典的黄金时期的雅典卫城

物在爱琴海上乘风破浪，军事实力的强大，又使她的周围集结了许多盟邦。尤其是在文化上，雅典堪称艺术之邦。在哲学领域，德谟克利特、普罗泰戈拉等人在街头与宴席间畅谈；在文学领域，索福克勒斯、欧里庇得斯等戏剧大师已经在舞台上尽情表演；在艺术领域，米隆则用他的刻刀展示了迷人的雅典风采。

因为这一切，雅典迎来了它的黄金时代，成为了"全希腊的学校"。

雕刻家与思考者

苏格拉底的前半生，正是雅典处于极盛的时代，正是雅典成为全希腊人中心的时代。

公元前469年，苏格拉底诞生在雅典的一个平民家庭，他的父亲是石匠和雕刻匠，母亲是位助产婆。

少年时，苏格拉底跟随着父亲学习雕刻的手艺，随着他的一天天长大，父母不得不为他的将来考虑。"让苏格拉底干什么好呢？"父亲每每想起这个问题，就会看一眼苏格拉底。

在注重形象美的雅典，苏格拉底不但算不上是美男子，甚至可以说长得有些奇特：脸面扁平，鼻子大而向上，两眼相距又宽。给人的总体感觉就是不匀称。不仅如此，他走路的姿势也不甚雅观，像一只昂首阔步的鸭子，老是腆着肚子。虽然如此，但父亲能看出长相平平的儿子眉宇间有一股子坚毅，瞳孔中也别有一番光华。

事实上，苏格拉底可不甘愿只做一个雕刻匠，在闲暇之际，他总会想方设法充实自己。年纪轻轻，他已经熟读了《荷马史诗》及其他诗人的作品，另外，他还喜欢独立思考，父亲一不留神，就会看见他在那里"怠工"——摆出一副若有所思的样子。

更何况，苏格拉底生在雅典这一文化之邦，他不会浪费掉这一天赐的财富。有时他会到街头与人辩论（后来，这成了他一生的习惯）。一次，哲学家普罗泰戈拉来到雅

🔺 苏格拉底雕像

典，苏格拉底慕名前往辩论，辩论完毕，普罗泰戈拉对眼前这位其貌不扬的年轻人不禁刮目相看，他赞赏苏格拉底："在你的同龄人中，我确实从未遇见像你这样令我称美的人。现在如果有人说，你将成为我们当今领头的哲学家之一，我绝不会惊讶。"除了辩论，有时他也会去剧院看场戏剧。

和平时期给了苏格拉底沉浸于雅典丰富的文化海洋中的机会，而这些早期经历使得青少年时代的他如醉如痴，无论是他的精神，还是他的思想，都受到有益的陶冶。

面对辉煌的雅典，身为雅典人，苏格拉底非常自豪。他曾在一次谈话中说："……没有一个民族能像雅典人那样为他们祖先的丰功伟业而感到自豪，很多人受到激励和鼓舞，培养了刚毅果断的优秀品质，成为勇敢、威武著名的人。"

然而，令苏格拉底没有想到的是，等他过了而立之年后，昔日的辉煌便成了过往云烟，一场灾难正朝着雅典和他自己劈头打来。

勇敢的战士

这场灾难就是伯罗奔尼撒战争。

伯罗奔尼撒战争是以雅典为首的提洛同盟与以斯巴达为首的伯罗奔尼撒联盟之间的一场战争。这场战争断断续续从公元前431年一直持续到公元前404年，最终以雅典战败收场。

这场人战是古代希腊社会的一个重要转折点，是雅典城邦从强盛走向衰落的关键。

作为雅典城邦的一名公民，苏格拉底有义务为了维护城邦的和平而战斗。在这场旷日持久的战争的第一阶段，苏格拉底就入了伍，之后，他作为一名重装甲兵冲

↑ 伯罗奔尼撒战争

入战场。

38 岁时，苏格拉底参加了波提狄亚战役。波提狄亚原来属雅典盟邦，但由于斯巴达的唆使与支持叛离了雅典。因为这个缘故，雅典派遣统帅卡利亚斯先后率 70 艘战舰和 3000 名重装甲兵前往平叛，围攻了两年，城内不但饿殍遍地，甚至出现了人吃人的悲惨现象。后来，波提狄亚被迫投降，当地人全部被驱逐到外地。这场战争极其残酷，就连雅典的军事指挥卡利亚斯也阵亡了。

在这场战争中，苏格拉底表现得如何呢？他的一位战友对此作了生动描述：当军队被切断供给时，苏格拉底忍饥挨饿，辛苦至极。在严寒中，别的军人大多毛毡裹着身子御寒，而苏格拉底仍旧衣服破旧单薄，赤着脚在冰面上行走。在战斗中一位年轻的战友阿尔喀比阿得斯负了伤，苏格拉底独自杀开一条血路把他救了出来。后来，将领们由于阿尔喀比阿得斯作战英勇，决定颁发给他花环，而阿尔喀比阿得斯却认为是苏格拉底在战场上救了他的命，应该把花环颁发给苏格拉底，但终被苏格拉底拒绝。

↑伯罗奔尼撒战争的主要指挥官伯利克里雕像

在伯罗奔尼撒战争中，苏格拉底第二次参加的是公元前 424 年的德立安战役，这时他 46 岁。德立安是雅典北部的城邦。雅典的军队在这里与斯巴达的盟友彼奥提业人作战，双方各派出大约 7000 名重装甲兵，先后进行了两次战斗，最后，彼奥提亚人利用火攻，大败雅典军，雅典主将阵亡，溃败的军队取海道逃回。这场战斗表明雅典已呈败势。但即使如此，身为败军之兵，苏格拉底不但没有丢盔弃甲，反而是他"昂首阔步，环顾四周"的镇静，感染了许多战友，使得他们不至于太过狼狈。

苏格拉底第三次参加战斗是公元前 422 年，当时他 47 岁，这是在色雷斯的安菲波利之战。由于关于这场战争的记载很简略，所以我们不知道苏格拉底是否又立下了汗马功劳。

事实上，不管苏格拉底有没有立功，伯罗奔尼撒战争的结局并没有发生改变。

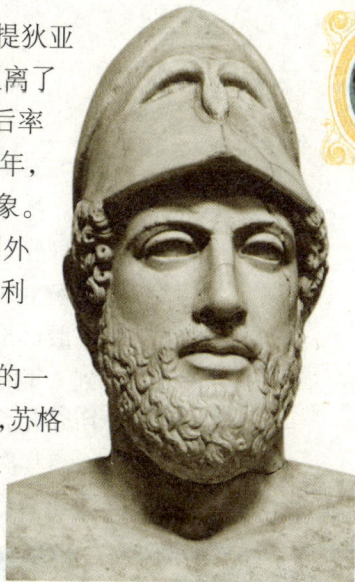

我是一只牛虻

伯罗奔尼撒战争对雅典产生了深远的影响。

首先，因为战败，愤怒的情绪开始在民众中蔓延。之前领导战争的民主派因为尽失人心，遂被由贵族组成的"三十僭主"（僭主即未经过合法的政治程序而进行统治的人，一般都是贵族出身）代替。虽然这些僭主只控制了雅典不到一年的时间，但是由于他们试图采用暴力方式控制雅典，所以大量的残杀行为使得雅典人心惶惶，社会局势一再恶劣。

其次，由于元气大伤，许多原来依靠雅典庇护的城邦也纷纷另投新主，从而使得雅典在全希腊以及欧洲的地位受到严重削弱。

🔲 伯罗奔尼撒战争对雅典的影响很大

社会混乱之后，便是人心的"不古"。事实上，在战争开始后不久，雅典人的心态就发生了很大变化。残酷的战争使他们领略到了什么是生离死别，也让他们体会到了什么叫朝不保夕。而战败则无疑又给雅典人受伤的心灵上撒了一把盐。自此，雅典人在黄金时代形成的自信开始褪色，为了衣食，为了生存，他们也不再像以前那样热衷自我修养。他们积极追求的不再是善以及良好的品德，只有金钱和物质利益可以打开他们的心扉，他们不再遵守法律的约束、关注自己灵魂，而是一天到晚想着该怎样及时行乐。

此情此景，苏格拉底敏锐地看到了，也敏锐地感觉到了。

早在伯罗奔尼撒战争打响之前，苏格拉底就已经注意到了当时雅典社会的隐疾，为此，他开始收徒，与人辩论。

与当时的其他老师或多或少都会收取一定的学费不同，苏格拉底对前来的学生，无论贫贱、无论地位高低、无论是否属于希腊人，他都一视同仁，分文不取。而且，他与自己的学生没有固定的教室，他们的教室散落在雅典城的大街小巷。

当时的雅典人会经常见到一个场景：或是街头、或是剧院、或是路边，苏格拉底抓住谁就都会和谁辩论。这时的苏格拉底往往披着一件破袍子，赤着脚来回踱着步。因为总是赤脚，所以他的脚上已经磨了一层茧子。每逢苏格拉底辩论，附近都会围一大群人。这些人中，有些不认识苏格拉底，看见他十分邋遢，且满脸髭须，所以就当着看热闹。但是，稍微听了一会儿辩论后，他们就发现苏格拉底笨拙的嘴唇中吐出了许多深刻的道理，惊讶之余，不免啧啧称叹。回去之后，也忍不住把自己的奇闻说给朋友听。这样，一传十，十传百，苏格拉底的大名很快传开了。

对苏格拉底，年轻的学子大多怀着崇拜与尊敬的心理，但是，一些有地位，有身份的人，却对苏格拉底很不屑。当有人在他们面前谈论苏格拉底时，他们就会嘴角一撇，满脸的不屑："你是说那个不修边幅的苍蝇吧！"后来，这种诋毁声多了，也就传到了苏格拉底那里，听到别人给自己起了这样一个"雅号"，苏格拉底并没有"笑纳"，他觉得自己更像是一只牛虻，"我是神特意赐给本邦的一只牛虻，雅典像一匹硕大又喂养得很好的马，日趋懒惰，需要刺激。神让我到这里来履行牛虻的职责，整天到处叮着你们，极力劝说批评每一个人……"

苏格拉底

的确，正如苏格拉底陈述的那样，作为一个热爱雅典的公民，看到雅典一步步走向衰落，他不但心痛，而且焦急。他一心想着怎样才能使雅典人振作起来，重新拾起他们的理性，积极地投入到恢复雅典光芒的建设当中。另外，因为他自己关注灵魂，关注品德的修养，所以他也希望更多的年轻人在名与利的追逐之外，能够有更高的追求。因为这个缘故，他才到处与人辩论，把遇到的每一个彷徨、执著的雅典人当做迷路人，希望通过自己的努力，照亮他们前进的路,指引他们。

对苏格拉底来说,他把自己当成了全体公民的老师。他觉得有义务、有责任开导他们。而在众人的眼中,苏格拉底也并不是那种言行不一致的人,如同他的言论,他说到做到。比如,他告诫学生们生活要简朴,他就先以自己为榜样。以饮食为例,苏格拉底没有更高的要求,只要能填饱肚子就行。他常说:"吃简单的食物,就是最好的饮食方法。"为此,他告诫年轻人:"……必须抗拒有诱惑性的食物,如果肚子不饿还要吃东西,不渴却喝饮料,会使你的头脑和灵魂堕落……尽量节制自身,细心地控制自己的肚子。"

除了饮食,在生活的其他方面,苏格拉底也都是"寒酸"不已:不管是冬天或是夏天,他所穿的都是同样的一件衣服,而且这件衣服的质地十分平常,没有一点特殊的地方可言。在他的信念里,"银器和绯衣,是演戏的好道具,却不适用于平常的家庭生活。"

所以,苏格拉底这只牛虻不简单,他是一只不断启迪雅典人、不断教育雅典人而又高尚的牛虻。

↑苏格拉底在给他的学生传授知识

谦虚就是智慧

由于许多人被苏格拉底的言行深深折服,所以他的事迹很快在整个雅典传开,人们都把他当做一位智者看待。

据说,为了求证苏格拉底是不是雅典最有智慧的人,一天,苏格拉底的一位弟子采取了当时雅典人解决疑难的通常办法——到神殿去乞求"神示"。说走就走,此人前往阿波罗神庙,请阿波罗解决自己的疑惑,"是否有人比苏格拉底更聪明?"后来,传达"神示"的女祭司回答:"没有比苏格拉底更聪明的人了,他是最睿智的人。"

世界大教育家成功故事

此人得到答案后一路欢呼，可是得知此事后的苏格拉底却困惑不解，因为他不觉得自己最聪明。由于对这样的"神示"有所怀疑，并打算检验它的正确与否，所以苏格拉底走访了那些以聪明才智著称的人。

他首先走访的是一位拥有声望并且自负的政治家。可是，经过一番唇枪舌剑后，苏格拉底失望了。因为这位自认为有无上智慧的人，同自己一样也并不知道美和善到底是什么。当苏格拉底向这位自负的政治家指出其无知时，他不是闻过则喜，而是怨气冲天。

随后，苏格拉底又去走访了诗人。他发现他们创作诗歌并非因为拥有智慧，而是出自天赋和灵感。但是诗人对此却并不赞同。他们认为，自己不仅在创作诗歌方面是行家里手，其他完全隔行的事，也照样"通吃"。因为有了政治家的前车之鉴，没有多加辩论，苏格拉底就匆匆忙忙告别了自大的诗人们。

最后，苏格拉底又去走访了手艺高超的工匠。结果，令他丧气的是，与政治家和诗人一样，工匠们不但在自己的行业内自傲，而且照样认为自己无人可比，不相信还有自己所不知道的知识。

经过了这番走访，苏格拉底回想起当他对一些人指出他们的无知时，那些人恼羞成怒的面孔，他才对"神示"恍然大悟。原来，对那些人来说，他们明明无知，却不知道；即使知道了，也不肯承认，这算什么智慧。相比之下，自己的知识虽然有许多"盲区"，自己虽然很无知；但是自己并不隐讳，这种态度，岂不是比那些政治家、诗人更加"睿智"。他的这种谦虚就是一种智慧。

撇开有关"神示"的故事，不论它是真有其事，还是后人的穿凿附会，试问，苏格拉底真像他自己谦虚的那样无知吗？答案当然是否定的。因为他是一位不折不扣的智者。他之所以要强调众人以及自

阿波罗神庙遗址

己的无知,是想要告诉大家,其实我们许多的知识离真理还很远,我们需要不断地思考,我们自认为属于知识的东西,并不足以让我们骄傲。也正是只有承认了无知,我们才会有自知之明。只有有了自知之明,才有可能通过教育逐渐成长并获得智慧。

如何才能掌握真正的知识呢?苏格拉底当起了负责"接生"知识的产婆。

智慧的产婆

作为一名智者,一位优秀的老师,苏格拉底有着杰出的教育方法。因为他在教授学生知识的时候,不是把自己的观点强加给他,而是一步步的启发、引导,如同一个产婆接生那样,小心翼翼地把知识从对方的大脑里"接生出来",所以他被称做"智慧的产婆",而他的这一方法,更是大名鼎鼎,被称做"精神助产术"。

到底什么是"精神助产术"?其实没什么奇妙之处。每当苏格拉底和人辩论时,他就首先声明自己很无知,什么都不懂,然后引起对方提出问题,并让对方先回答。如果对方答错了,他也并非一棍子打死,直接指出错误,然后把正确答案给他。而是进一步提出问题,加以引导。通过一来一往的问答,使对方发现自己自相矛盾,承认自己原来对这一问题一无所知。这一步,是"助产术"很关键的一步,因为只有对方在承认自己无知的情况下,才会保持一颗虚心求教的心。之后,苏格拉底还是"故技重演",继续提问,直到真相大白。在他看来,知识就像婴儿,本来就在人的肚子里,他本人只是一个配角,只负责引导。

↑在教学的方法上,苏格拉底通过长期的教学实践,形成了自己一套独特的教学法,人们称之为"苏格拉底方法",他本人则称之为"精神助产术"。

精神助产术的例子在苏格拉底与人的辩论中随处可见。

一天,尤苏戴莫斯和苏格拉底讨论有关什么是正义的问题。

苏格拉底首先问尤苏戴莫斯："你认为自己正义吗？"

"我想我的正义并不亚于任何人。不仅如此，我还可以举出一些正义和非正义的例子。"尤苏戴莫斯回答道。

苏格拉底问："虚伪是人们中间常有的事，是不是？"

"当然是。"尤苏戴莫斯回答。

"那么，我们把它放在正义与非正义的哪一边呢？"苏格拉底问。

"显然应该放在非正义的一边。"

"人们彼此之间也有欺骗，是不是？"苏格拉底问。

"肯定有。"尤苏戴莫斯回答。

"这应该放在两边的哪一边呢？"

"当然是非正义的一边。"

"那么，奴役人怎么样呢？"

"也有。"

"尤苏戴莫斯，这些事都不能放在正义的一边了？"

"如果把它们放在正义的一边那可就是怪事了。"

"如果一个被推选当将领的人奴役一个非正义的敌国人民，我们是不是也能说他是非正义呢？"

"当然不能。"

"那么我们说他的行为是正义的？"

"当然。"

苏格拉底和他的两个学生

"如果他在作战期间欺骗敌人呢？"

"这也是正义的。"尤苏戴莫斯回答。

"如果他偷窃，抢劫他们的财物，他所做的不也是正义的吗？"

"当然是，不过，刚开始我还以为你所问的都是关于我们的朋友哩，"尤苏戴莫斯回答。

"你是说，只要我们刚才认为的非正义的事情，只要用于敌人就是正义的了？"苏格拉底问。

"好像是这样。"

"我是否可以这样确认，这一

19世纪插图。苏格拉底的一生大部分是在室外度过的。他喜欢在市场、运动场、街头等公众场合与各方面的人谈论各种各样的问题，如战争、政治、友谊、艺术、伦理道德等等。40岁左右，他成了雅典远近闻名的人物。

类的事做在敌人身上是正义的，但是做在朋友身上，却是非正义的，对待朋友必须绝对忠诚坦白，你同意吗？"苏格拉底问道。

"完全同意，"尤苏戴莫斯回答。

"如果一个将领看到他的军队士气消沉，就欺骗他们说，援军快要来了，因此，就制止了士气的消沉，我们应该把这种欺骗放在两边的哪一边呢？"

"我看应该放在正义的一边"，尤苏戴莫斯回答。

"又如，一个人因为朋友意气沮丧，怕他自杀，把他的剑偷去了，这种行为应该放在哪一边呢？"

"当然，这也应该放在同一边"，尤苏戴莫斯回答。

苏格拉底又问道，"你是说，就连对朋友也不是在任何情况下都应该坦率行事的？""的确不是"，尤苏戴莫斯回答，"如果你准许，我宁愿收回我刚才说过的话"。

这个例子中，在苏格拉底的步步紧逼下，尤苏戴莫斯发现自己前后矛盾，只得"投降"。

循循善诱的导师

凭借"精神助产术"，苏格拉底赢得了许多学子的仰慕，但是他也招致了不少谴责。其中的一种意见认为，苏格拉底不是在传授知识，而是在炫耀辩论的技巧，这实在是对苏格拉底的误解。因为如果不是为了启迪学生，苏格拉底是不会逞口舌之强的。在每次的辩论中，他都不是盲目的，他有自己的目的。

一天，苏格拉底在街头遇到了一位夸夸其谈的青年。

青年名叫格老孔，苏格拉底早就听过他的大名，知道他不满20岁，没有什么才能，但是又好高骛远，成天想着做城邦的领袖。

为了不打击他，他的家人们也是干着急没办法。这次"狭路相逢"，苏格拉底准备好好和他聊聊。

他主动打招呼："喂，格老孔，你是立志想做我们城邦的领袖吗？"

"我的确是这样想，苏格拉底"，格老孔回答道。

"那好极了，如果人间真有什么好事的话，这又是一桩好事了。因为很显然，如果你的理想能实现，你不但能够帮助你的朋友，而且能为你的家庭扬名，为你的祖国增光。"格老孔听到这番话越发飘飘然了。

眼见格老孔对于自己的谈话不是很厌烦，苏格拉底接着说道："似乎是一个很明白的道理，格老孔，如果你想要受到人们的尊敬，你就必须对城邦有所贡献。"

"无可非议。"格老孔回答。

"我以神明的名义请求你，不要向我们隐瞒，请告诉我你打算怎样治理城邦。"苏格拉底说。

格老孔沉默了。

"你是不是想通过各种办法使城邦富裕起来？"

"当然。"格老孔回答。

"想要城邦富裕，就得税收充足，请你告诉我，目前城邦的税收来自何处，总共有多少？"

"说实在的，这些问题我还没有考虑过，"格老孔回答。

"那么，就请你讲一讲城邦的支出吧。"

"老实说，"格老孔回答道，"我还没来得及思考这个问题。"

"那么，"苏格拉底说道，"我们只有把使城邦富裕的问题暂时搁一搁了，因为连支出和收入都还不知道，其他也就不必谈了。另外一个问题，请你讲一讲城邦陆军和海军的

苏格拉底教育学生，让他们离开那些纸醉金迷的生活，去过一种"爱智"和简朴的生活。因为苏格拉底认为人要学习，要追求智慧，而不是一味地沉迷于享乐。

苏格拉底在教学生获得某种概念时,不是把这种概念直接告诉学生,而是先向学生提出问题,让学生回答,如果学生回答错了,他也不直接纠正,而是提出另外的问题引导学生思考,从而一步一步得出正确的结论。它为启发式教学奠定了基础。(《雅典学园》局部)

力量,然后再讲一讲敌人的力量吧。"

"不,我不能就这么凭着记忆告诉你。"

"那么,"苏格拉底说道,"如果你已经把它们记下来,就请你把笔记带来吧,因为我很喜欢听一听。"

"老实说,这是办不到的,因为我还没有记。"格老孔回答。

说到这里,苏格拉底就趁机告诫格老孔:"格老孔,要当心,你一心想要出名,可不要弄得适得其反啊!难道你看不出吗?如果在没有弄懂某件事之前就去做这件事,是多么危险吗……你应该明白,受到尊敬和赞扬的人都是些知识最广博的人,而那些受到谴责和轻视的人都是最无知的人。如果你真想在城邦受人尊敬,就应当努力为你的理想准备更充足的知识。"

还有一次,在和弟子克里托布洛斯谈到如何交朋友这个问题时,苏格拉底一步步开导他。

"告诉我,克里托布洛斯,"苏格拉底说,"如果需要一个好朋友,我们应当怎样去找?首先,我们应当找一个能够控制自己贪吃、贪睡等欲望的人,因为只要是被贪欲奴役的人,无论对自己或朋友,都不能尽到应尽的责任。"

"你说的很对。"克里托布洛斯回答。

"那么,你以为我们应该远离那些受制于这类嗜好的人了?"

"绝对要避之三舍。"克里托布洛斯回答。

"那么,那些喜欢浪费,不能自力更生,总需要邻居帮助的人;那些借债不还,借不到手就怨恨别人抠门的人,这样的人是不是危险的朋友?"

"毫无疑问。"克里托布洛斯回答。

"那么,我们必须躲开这样的人了?"

"能躲开赶紧躲开。"

"还有一种人,喜欢打小算盘,喜欢占便宜,他们只想着收获,而不愿意付出,这样的人怎么样呢?"

"在我看来，这样的人比前一种人更坏。"克里托布洛斯回答。

"那些爱争吵，动不动就给朋友带来大量敌人的人怎么样呢？"

"结交这样的人也没有好处，但是，苏格拉底，我们应当结交什么样的人呢？"

"我想是和这些人正相反的那种人。他能控制自己的欲望，做事诚信公正，能知恩图报，结交这样的人是有好处的。"

苏格拉底的妻儿

苏格拉底一生结过两次婚，第一个妻子叫密尔多，是法官亚里斯狄得的女儿。但不幸的是，他们俩婚后不久密尔多就去世了。苏格拉底的第二任妻子赞西佩脾气暴躁，关于她和苏格拉底之间的逸闻趣事，一直为人们所津津乐道。流传最广的一个故事就是一次赞西佩在家指责苏格拉底每天总是外出与青年交谈，根本不顾家。随即，苏格拉底又走出家门去和青年们交谈了。他刚一出门，他的妻子就在他的背后从头上泼下一盆水，这时，苏格拉底很风趣地说道："我知道，响雷之后必然有大雨呢！"

据记载，一个弟子曾经询问过苏格拉底，他怎么能同"最惹人烦恼的女人"过日子？苏格拉底十分俏皮地回答道："正如驯马师必须驯服最烈性的马，而不是驯较易驯的马一样。"

苏格拉底的妻子赞西佩为苏格拉底生下了3个儿子。苏格拉底去世的时候，他们都还很年幼。传说，赞西佩是一个脾气暴躁而又唠叨不休的泼妇，不过这很可能是因为色诺芬对她的夸大描述而造成的。图中赞西佩将脏水浇了苏格拉底一身。

↑赞西佩

由于赞西佩性情急躁,引起儿子兰普罗克勒斯的不满。于是苏格拉底对儿子循循善诱,向他讲述了有关父母的养育之恩,不应该忘恩负义,要恪尽孝道。这是因为"国家对那些不尊重父母的人可处以重罚,不许他们担任领导职务,认为这样的人不可能很虔敬地为国家献祭,也不会光荣而公正地尽其他职责"。

我的灵魂将永生

雅典的民主政体曾经光彩熠熠,但也并非无可指摘。身为当时社会的一分子,苏格拉底目睹了雅典民主的运动过程。大多数人都陶醉之时,他却暗暗地担忧起来。

苏格拉底看到,当时政府的一大弊端是,身在权力核心的角色,往往是一些皮革匠之类的人物,而他们共同的缺点就是没有多少知识。

为此,苏格拉底为雅典敲响了警钟:"用豆子抓阄的办法来选举国家的领导人是非常愚蠢的,没有人愿意用豆子抓阄的办法来雇用一个舵手、建筑师、吹奏笛子的人或者任何其他行业的人,而在这些事上如果做错了的话,其危害要比在管理国务方面发生错误轻得多。"

因为看到了潜在的危险,所以苏格拉底在教育青年人时,特别倾向于将他们培养成政治家。一次,有人曾讥笑苏格拉底,说他为什么不去参予政治,苏格拉底答道,自己不参予政治,但是如果能培养更多的政治人才,那将更有意义。

然而,苏格拉底没想到,他终其一生孜孜于青年的教育,谆谆于对青年的教导,为了使雅典重放光芒,他贡献了大半辈子的光阴,到了已经进入花甲之年时,雅典却给了自己一份难以承受的"大礼"。

公元前399年,有3个雅典人:墨勒托斯——低级的悲剧合唱歌曲的作者,安倪托斯——制革匠,吕孔——演说家,一块儿到雅典的法庭指控苏格拉底。

他们的起诉状如下:"墨勒托斯就以下事宣誓:我告发

苏格拉底,他不承认国家所规定的众神,引入其他的神,并且蛊惑青年犯罪,我们要求将他处以死刑,以整肃国法。"

这些对苏格拉底的指控都是没有道理的。起诉状中说,苏格拉底"不承认国家所规定的众神"。实际上,古希腊的先哲们,个个都不相信国神,甚至有人否认神的存在;而苏格拉底则是唯一没否定神的存在的一位,他还常常劝人们信神,按礼节膜拜神明。

另外还有一条罪名是"蛊惑青年犯罪"。控告者认为,苏格拉底经常与青年谈话的目的是在怂恿青年用暴力的方式对抗政府。苏格拉底那句"用豆子抓阄的办法来选举国家的领导人是非常愚蠢的……"便是证据。

实际上,他们实在太冤枉苏格拉底了,因为苏格拉底的真正用意是劝青年们要做一个有知识的政治家。何况,所有跟随他的人都是心甘情愿聚集在他身边的。

虽然苏格拉底在法庭上作了从容不迫的辩护与申诉,表明自己是无罪的,但最后陪审团仍然裁定他有罪。当时的法律规定,在裁定有罪之后,应该先由原告提出一种他们认为适当的量刑方法,随后再由被告提出一种量刑方法,最后再由执政官决定施行其中的一种。墨勒托斯认为应判苏格拉底死刑。若是这时苏格拉底只要提出另一种较轻的量刑方法,一定会得到认可的。但苏格拉底不屈服,毅然申言自己无罪,不应该受处罚。他认为自己提出一种较轻的量刑方法,就等于自己承认有罪。他是万万不能这样做的。

对于人的死亡,苏格拉底早有成熟的看法,他认为这是"灵魂转移",因此,对人个体的死亡,特别是关于自身的死亡,他无所畏惧。从判刑那天起直到就刑,苏格拉底在狱中被囚禁了一个月。在此期间,他仍旧与自己的家眷、朋友及弟子们照样谈话。他一点也不畏惧、不迷惑、不沮丧、不怨天尤人。

雅典娜是希腊神话中少有的处女神,与阿耳忒弥斯、赫斯提亚并称为希腊三大处女神,备受希腊人民崇拜,尤其是雅典人,雅典城是以她命名的,而且是她专有的城市。

世界大教育家成功故事

苏格拉底死时衣衫褴褛，散发赤足，而面容却镇定自若。他打发走家属后，与几个朋友侃侃而谈，似乎忘记了就要到来的处决。最后，他安详地闭上双眼，平静地似乎睡去了一般。苏格拉底之死的雕塑。

苏格拉底的众多同仁、弟子向他建议，定出计划，想协助他逃出去，他都未予理会。倒不是这样做有什么困难和风险，而是苏格拉底有自己的见解和想法。他认为，逃遁以求苟活是卑怯者的行为，他坚信法律是应该遵守的，既然已经判决了，就应该予以服从。苏格拉底正视法律，选择死亡，正表现了他的遵法、守法、自信和爱知的精神。

按照当时雅典的法律规定，被判有罪的人还有自己选择某一种刑罚的自由，即在认罪的前提下交罚金或者选择被放逐处罚，这些都是古希腊雅典当时宽容的民主措施。

然而，苏格拉底一贫如洗，他声称，自己没有这笔钱，也不愿意交罚金。他更不愿意领着妻子和孩子，在法庭垂泪乞求同情和宽恕。苏格拉底倔强的态度惹怒了法官，但他表示"我宁愿选择死也不愿奴颜婢膝地乞求比死还坏得多的苟且偷生"。

5月的一天，苏格拉底终于要被执行死刑了。他的朋友和学生聚集在他的周围，希望能和他一起度过最后的时刻。

苏格拉底十分沉着冷静，丝毫不畏惧死亡。他说："在我饮鸩去世后，我要告诉你们，我去另一个国度了。有关这个问题，刚才我们谈论了许久。这是因为一方面希望你们镇定下来；另一方面，也是在安慰我自己。可是我们之间方才的谈话，好像克里同并没有听进去。我恳求你们向克里同担保，向他作保证，我死后是不会留在这儿的，会去离这儿很远的乐园。

"这样一来，克里同的心情就能平静下来。那样，在他看到我的躯壳被埋葬或焚化时，他的悲恸或许要减少的，因为他不会感到那样做是对我的虐待；同时，在埋葬尸体时，他不至于说：'埋葬的是苏格拉底。'克里同啊，你必须丢掉那些没有实际意义的想法，以免伤害自己的心灵。你要鼓足勇气说：'埋葬的只是苏格拉底的躯体。'关于怎么

样埋葬，就照你的意思，按照现行一般的民俗做就行了。"

苏格拉底说完上面这些话后就站起来，然后走进另一间房子去沐浴。沐浴完毕以后，苏格拉底的家人来到了他的身边。苏格拉底交待了后事之后，让他的妻子和孩子先回去了。

天渐渐地黑了下来，这时一个人端着一个杯子进来了，杯子里面盛的就是毒药。苏格拉底把杯子接了过来，脸色一点也没有变，他镇定自若，跟平时的表现完全一样。

他看了看把杯子递给他的那个人，然后问道："我可不可以从杯子里取一点出来，把它献给神呢？"

那个人回答道："我们准备的毒药的分量刚刚好。"

苏格拉底于是说道："这我是知道的，我只是想向神祷告罢了，祷告我从这个世界到达另一个世界，能够平安幸福！这也是我用这杯中之物作为饮料，以此来向神许愿。"

说完，他就把毒药喝下去了。

时间一分一秒地过去，苏格拉底感到身体渐渐沉重起来了。这时，那个行刑的人在苏格拉底的脸上盖了一块布。

就在这时，苏格拉底将盖在脸上的布拉开，开口说话："克里同，我还欠医神阿斯克勒庇俄斯一只公鸡，请不要忘了，要还给他。"

这就是苏格拉底临终前所说的最后一句话。

克里同赶忙对苏格拉底说道："好的，还有没有其他别的事情呢？"

这时，苏格拉底已经无法开口回答了，他的舌头已经僵直了。随即，苏格拉底的身体痉挛了一下。那个行刑的人立即把盖在苏格拉底脸上的布拿开。这时，苏格拉底的两眼已失去了光彩。克里同用手轻轻地抚摩着苏格拉底的双眼和嘴，使他安息。

就这样，雅典最伟大的教育家之一——苏格拉底成了雅典民主政治的祭品。

苏格拉底之死，由雅克·路易·大卫所绘（1787年）。

大 事 年 表

约公元前 469 年	苏格拉底诞生在一个平民家庭，父亲是石匠和雕刻匠，母亲是助产婆。
前 431 年	伯罗奔尼撒战争爆发。据记载，苏格拉底作为一名重装甲兵参与了导致伯罗奔尼撒大战爆发的波提狄亚战役。该战役以雅典获胜告终。当战役打到白热化阶段时，苏格拉底曾挺身相救战友阿尔喀比阿得斯。
前 424 年	苏格拉底参加了德立安战役，在该战役中雅典战败。作为一名败军之兵，苏格拉底没有狼狈逃窜，显示出了一名军人的风度。
前 422 年	苏格拉底参加了安菲波利之战。
前 404 年	伯罗奔尼撒战争结束，雅典战败。
前 399 年	苏格拉底以"引进新神"和"败坏青年"罪受到起诉，最终在众弟子的绕膝中饮鸩而死。

柏拉图

柏拉图是西方教育领域泰山北斗式的人物。在教育思想方面，他宣扬的"男女实行平等的教育"，堪称西方世界教育平等理论最早的呼声；他主张教育由国家统一管理，对幼儿教育的重视，以及对游戏、故事、音乐的提倡，则显示了他不平凡的远见。

在教育实践方面，他在学院开设的算术、几何、天文、音乐在古代西方被称为"四艺"，"四艺"和后来的辩论术、修辞术、文法又合为"七艺"。作为教学内容，"七艺"影响了欧洲教育达 1500 年之久。作为一个古代的哲人，柏拉图用他的智慧描绘了一张让后世为之赞叹的教育蓝图。

世界大教育家成功故事

雅典式的教育

柏拉图出生于雅典的一个贵族家庭,这一家族属于雅典的钟鸣鼎食之家。他的父亲是雅典国王的后代,他的母亲是梭伦的后代。

柏拉图出生时,雅典民主制的缔造者——著名的执政官伯里克利已经黯然逝世,激烈的伯罗奔尼撒战争也已经打响了四年。虽然这一战争造成了大量雅典人的流离失所,但对"公子哥"柏拉图来说,他衣食无忧的生活并没有受到干扰。

与当时许多雅典贵族孩童一样,柏拉图接受了系统的雅典式教育。按照当时雅典人的教育理想,他们认为对孩子的教育能否成功,不仅要看是否能将受教育者培养成一个热爱国家的人,而且更重要的是,还要看能否使受教育者在道德、智慧、健康、审美方面全面发展,使他们在关心国事的同时,注重自身修养,长于艺术。

因为这种期望,柏拉图从学会说话蹒跚走路开始,他的父母就给他请了保姆和家庭教师,他们给他唱歌、讲故事,给他营造一个艺术的乐园。等柏拉图的胳膊、腿都"硬朗"起来后,他们又和柏拉图一起玩掷骰子以及球类等游戏,以促进他的发育。

经过父母的细心呵护,柏拉图很快长到了7岁。之后,柏拉图被送进文法学校学习基本知识。等他长到十二三岁时,由于强身健体以及军事训练的需要,柏拉图开始进行赛跑、角力、跳跃、掷铁饼、投标枪、舞蹈、游泳等的训练。这段时期的学习,对柏拉图来说是很辛苦的,一般来说,每天的课程都排得满满的;但是,柏拉图的付出总没有白费,充实的体操教育不仅使他锻炼了强健的体魄,而且还磨炼了他的意志。弹指间,站在家人面前的柏拉图已经成了一个少年。

雅典是古希腊一个强大的城邦,是驰名世界的文化古城。希腊是哲学的发源地,是柏拉图创办的阿卡德米学院和亚里士多德的讲学场所的所在地。苏格拉底、希罗多德、伯里克利、索福克勒斯、阿里斯托芬、欧里庇得斯、埃斯库罗斯和其他著名的哲学家、政治家和文学家都在雅典诞生或居住过。雅典也因此被称做"西方文明的摇篮"和民主的起源地。

依照雅典教育的规定，一般人家的孩子在长到十五六岁时，就不再继续学习，而是要从事一项职业。但是由于柏拉图出身望族，所以他可以不受此限。在与昔日的同窗依依惜别之后，他进入了只有贵族子弟才能入门的体育馆学习。不像以前进入的学校都是私立学校，体育馆由国家管理，里面汇集了修辞学、哲学、体育等学科各类精英教师，目的就是为了培养体育、智育等全面发展的人才。为了解雅典的社会制度，在体育馆学习时，柏拉图有时会去观赏伯里克利时期的艺术家们留下的建筑和雕塑，有时也会参加毕达哥拉斯、阿拉克萨哥拉等古希腊先贤们的传人所举行的各种演讲会。

柏拉图

如果他还有兴致，并且肯花一点点钱，他就可以到剧场看一出阿里斯托芬的喜剧。通过出入于庆典、法庭辩论、神庙祭祀、人民大会等各种场合，柏拉图亲身参与雅典人丰富的社会活动。这些经历，使他逐渐燃起了参与政治的热情。

在雅典制度中，等学子们到了 18 岁时，为了使其将来成长为有能力的军事人才，他们还得接受军事教育，为期约两年。在这期间，柏拉图跟着自己的教官练习各种军事动作以及武器，有时，他还会和其他人一起进行体操表演以及军事演习等。

经过漫长的教育，柏拉图已经出落成了一位身材伟岸的青年，此时的他，喜欢艺术，身体健康，爱好参加社会活动，想着如何在社会上大展一番拳脚。而那些权贵长辈们也都对他寄予了厚望。

不过，当柏拉图一个人静下心来思考自己的前程时，他还是感觉身上有某些不足。对一个学子来说，对一个还没有形成自己知识体系的求知者来说，柏拉图深刻地体会到自己需要一位导师。可是，茫茫人海，那束可以照亮彷徨者的光芒又在哪里呢？

你就是我要找的人

柏拉图很快找到了指引自己的那盏灯火。

一天,柏拉图像往常一样,行走在大街上,他远远看见街角处围着许多人,便信步走过去,穿过人群,方才看见台阶上有两人在辩论,其中一个年轻一些,他认识。但另一个他有些面生。此人不修边幅,披着一件的破袍。不过,尽管穿得寒酸了些,但仔细听他说的话,却是字字珠玑,显然不是等闲之辈。柏拉图很诧异,忙向周围人打听。因为专心听辩论,那人看也没看柏拉图一眼,随口回了句:"苏格拉底。"

"苏格拉底!"柏拉图兀自沉吟:"原来他就是苏格拉底!"这一刻,柏拉图已经明白了自己将要找何人为师。

不知是不是附会,据说,在柏拉图遇见苏格拉底的前一夜,苏格拉底曾梦见在他的膝头上,不知从哪里飞来一只雏天鹅,这只天鹅慢慢长大,逐渐羽翼丰满,最后翱翔飞上了天际,唱着优美的歌声。

无论是否有这样一个故事,不能改变的事实是,当柏拉图邂逅了苏格拉底,他随即烧掉了他所喜爱的悲剧诗人的书,从此成为苏格拉底热烈的追随者。

苏格拉底不是职业教师,他不靠收徒授业为生。虽然生活很清贫,但他总是自得其乐。在柏拉图与苏格拉底相处的日子里,苏格拉底教导柏拉图要守护自己的灵魂,要认识自己,要关心自己的美德,因为美德就是知识。这些道理都深深地印在柏拉图的心上,他立志要做一个像老师所说的人。

然而,就在师徒二人沉浸在真理的探索中时,雅典在伯罗奔尼撒战争中战败的消息传来了,顿时,整个雅典陷入了悲哀与混乱中。不久,民主制被推翻,建立在暴力基础上的"三十僭主"粉墨登场。之后,雅典开始陷入了灾难中,斗殴、抢劫的事情屡见不鲜。二十多年的战争所隐藏的危机,不可收拾地集中爆发出来,似乎一夜之间,雅典人

苏格拉底

"堕落"了。雅典的这种社会危机,使柏拉图受到了很大触动。因为家庭的关系,他更是近水楼台地目睹了许多形形色色的政治表演和肮脏的幕后交易。眼见情况愈来愈恶劣,他对政治也越来越失望。

而接下来发生的一件事,使柏拉图进一步对现实的政治状况心灰意冷。

"三十僭主"当中的核心人物克里提亚和卡尔米德是柏拉图的亲戚,由于他们滥杀无辜,苏格拉底感到自己再也不忍坐视不理,遂批评道:"令人惊异的是,当一个负责牧养牲畜的人,他放牧的牲口越来越少、情况越来越坏的时候,克里提亚却不认为自己是一个蹩脚的牧人。"可想而知,当克里提亚听到这些话时,是如何的愤怒。他开始禁止苏格拉底同青年们交流,并且想进一步迫害他。

因为克里提亚很欣赏柏拉图,所以他就想拉拢柏拉图,加入到了他们的圈子。虽然柏拉图曾经有过参政的豪情壮志,但是眼见"三十僭主"对自己老师的这种卑鄙的迫害行为,遂拒绝了克里提亚的邀请。

如同大多数人所预料的,"三十僭主"的统治没有"得意"几天,在仅仅维持了八个月后,他们就被渴望民主的人们拉下了台,克里提亚和卡尔米德等人也在混乱中被杀。

暴政覆灭,民主抬头。雅典的强盛似乎重新燃起了希望。但让柏拉图等人猝不及防的是,众人的欢乐并不属于他们。不久,就发生了苏格拉底被诬陷的事情。柏拉图亲眼目睹了老师在法庭上义正词严的动人场面,因为悲愤不已,再加上身体欠佳,他在这期间得了一场大病,因为患病,他甚至没能为他的恩师送别。

雅典使柏拉图看到了苦难和罪恶,看到了人的丑恶会造成多大

■ 柏拉图与苏格拉底

的灾祸，而在苏格拉底的高贵品性中，他看到了知识和美德如何使人成为一个真诚的人。

看清了当时的现状，柏拉图认识到，在混乱的雅典，没有单独的一个人可以力挽狂澜，因为一个人的力量毕竟是有限的，如果明知没有什么结果，还要唱着正义的口号挽救正义，那无疑是飞蛾扑火，于国家于己于朋友都无益，只是徒然糟蹋了生命而已，想通了这一点，他便决定保持平静，走自己的路，远离当时的社会事务。

苏格拉底虽死，但是有些人依旧不解恨，只要谁与苏格拉底亲近，他们就不肯轻易放过他。柏拉图由于既是柏拉图的弟子，又是刚刚被杀的克里提亚的亲戚，所以他的境遇更是尴尬。为防不测，柏拉图决定离开雅典，进行远游。

远游与漂泊

埃及是人类文化的发源地之一。有人说埃及文明是尼罗河文明，这是对尼罗河的最高评价。金字塔是至今最大的建筑群之一，成为了古埃及文明最有影响力和持久的象征之一，这些金字塔大部分建造于埃及古王国和中王国时期（距今约四千多年前）。

柏拉图游历的第一站是麦加拉，因为那里有他的朋友欧几里得。麦加拉是希腊人所建的奴隶制城邦，距离雅典并不远。

离开麦加拉后，柏拉图到了埃及。埃及作为古代文明的发源地之一，拥有灿烂的文化。初到埃及，柏拉图深深地被异域的风俗所吸引。这也让他暂时忘却了羁旅之苦。

后来，他在自己的著作中写道："在那里有真正地道的一万年前的绘画和造型艺术，你仔细观察可以发现，它们同今天的作品相比，无论在美与丑哪一方面都毫不逊色，达到了相同的技艺水平。"另外，他还对埃及的政治、宗教甚至养鱼业等都有比较详细的记载。

在埃及待了很长一段时间后，柏拉图又到了当时希腊著名的数学、哲学活动中心之一的居勒尼。在居勒尼，柏拉图结识了数学家泰欧多罗斯。泰欧多罗斯不仅在数学方面有很高造诣，对音乐、天文学等也都颇有研究。柏拉图在《泰阿泰德篇》中说泰欧多罗斯提高了自己的数学和天文学修养。

柏拉图

之后，柏拉图又启程前往南意大利。由于这里曾是盛极一时的毕达哥拉斯学派的活动中心之一，所以毕达哥拉斯的许多弟子都在此居住、讲学。在此后的一段日子里，柏拉图就和这些人在一起切磋学术、交流心得。

因为南意大利已经离雅典不远了，所以柏拉图开始考虑自己是否应该回到家乡；但是，如果真的回去，他又害怕会遭遇不测。就在柏拉图徘徊之际，曾听过自己讲学的学生、叙拉古的大臣狄翁邀请他到叙拉古去，这时，柏拉图又犯难了。

叙拉古是希腊人在西西里岛建立的城邦，当时正由僭主狄奥尼修一世统治。在书信中，狄翁说他将帮助柏拉图在叙拉古实现他的政治理想。考虑了一段时间后，柏拉图最终决定走一遭。初到叙拉古，因为狄奥尼修一世以及朋友们的热情，柏拉图很有一种宾至如归的感觉；但是时间一长，他便明显感到了狄奥尼修一世的冷淡。由于不赞成僭主制，所以他们二人的分歧逐渐演变为矛盾。狄奥尼修一世骂柏拉图是老糊涂，柏拉图则反击："你是一个暴君！"

最终，狄奥尼修一世恼羞成怒，派人将柏拉图卖为奴隶。后来，柏拉图的"主人"到达了雅典，公开叫卖柏拉图。幸亏一位昔日的朋友撞见此事，遂慷慨解囊替他赎了身。此时，距上次离开雅典，柏拉图已经在外游历了12年。

最早的高等学府

获得自由以后，柏拉图打算将赎金还给解救自己的恩人。然而，由于那位朋友格外仗义，执意不肯收送来的钱。所以柏拉图就用这笔钱建了一座学校，取名为阿卡德米，即学园的意思。

学园所在的位置，在雅典十分有名，这样一来，当学园正式开学后，新学生不用费劲，就能轻易找到。

在学园里，柏拉图找到了自己真正想做的工作，也找到了实现自己抱负的基础。他按照自己的理想，主要开设了数学、天文、音乐、哲学4门课程，值得一提的是，由于受毕达哥拉斯的影响，学园对几何学十分重视。为了强调这一点，学园的门口常挂着一块牌子，上书：不懂几何学者不得入内。

柏拉图学院

在教学时，柏拉图认为就像眼睛天生具有视力、耳朵天生就有听觉一样，人天生也就有知识。我们之所以察觉不到这一点，是因为在我们出生时，知识被遗忘了。那么，既然知识是我们本来就有，所以学习的过程其实也就是回忆的过程，所以与自己的老师一样，柏拉图也时常使用"精神助产术"来启迪学生。因为学园有座广场和花园，所以每每在茶余饭后，柏拉图就和弟子们边走边聊。有时谈到兴高采烈时，大家于是就地坐在广场上，学习气氛格外浓厚。

在教学的内容上，柏拉图也并非只限于上述四门课程。虽然他自己在参与政事时屡遭挫败，但是，他的教育理想还是为了培养能够学以致用的实干家、政治家。因为这个缘故,学园相比雅典其他私人学校,气氛要活跃得多。再加之学园逐渐汇集了一大批的数学家、天文学家以及政治人物,所以那些汲汲于功名者,热心于社会活动的青年,不论是否属于雅典的本地人,也开始纷纷慕名来到学校。

很快,学园的声名逐日升高,消息传到了那些政治家那里,他们也开始

柏拉图在他的学院里授课

邀请柏拉图为他们出谋划策。此时的学园已经不仅是一个纯学术的研究机构,它还成了一个政治咨询机构,一个社会的场所,一个"政治训练班"。

自从学园创立之后,柏拉图就在这里度过了他大部分的光阴,时间长达四十余年。因为他的影响力以及智慧的规划,学园在欧洲历史上产生了重大的影响,一般被认为是欧洲历史上第一所具有综合性质的高等学府。柏拉图去世后,学园并没有就此停办。直到公元 529 年被查士丁尼大帝关闭为止,它一共存在了九百多年,属于古代学府中一个罕有的"寿星"。

在学园期间,除了向学生们传授知识以外,柏拉图也同时开始了自己的写作。我们今天看到的他的大部分著作,许多都完成于这一时期,这其中就包括那本著名的《理想国》。

《理想国》中的教育

《理想国》是柏拉图最负盛名的著作。

这部著作是柏拉图在对当时社会失望的情况下,对自己理想中的国家的描写。全书以自己的老师苏格拉底为主角,以其他人物为配角,采用对话的方式,介绍了理想国

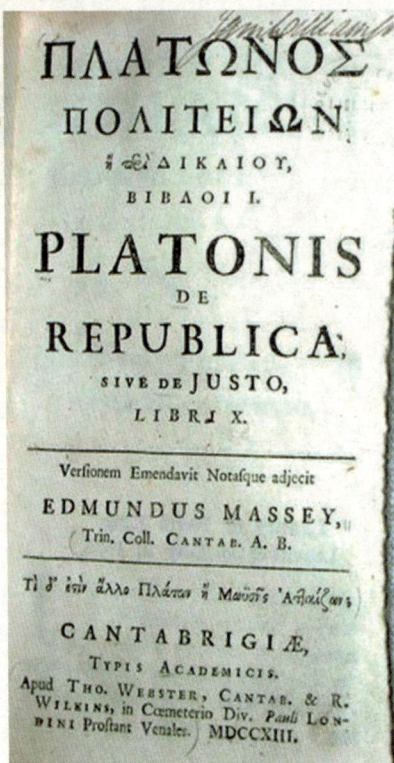

《理想国》

的具体构想。其内容包罗万象，探讨了哲学、政治、伦理、教育、文艺等各方面的问题，尤其以政治和教育最为重要。

在《理想国》中，柏拉图认为完美的社会必须由执政者、军人、平民三类人组成。执政者是最高统治者，由于他必须拥有智慧，而哲学是智慧的象征，所以只有哲学家才有当执政者的资格，才能负责处理国家事务。军人或者武士是保卫国家的坚强后盾，坚毅、勇敢是他们的特征。平民包括从事劳动，为社会供应财富的工、农、商，其任务是供养执政者和军人。

为了避免由于欲望、贪婪使得执政者和军人发生纷争和内讧，柏拉图又给自己的理想国设计了一幅美丽的图画：在执政者、军人中间实行共产制。对他们每个人来说，不仅钱财大家共有，而且就连孩子、妻子也都一律共有。

那么，除了让执政者、军人、工农商等人各司其职以外，如何才能使国家富裕、强大起来呢？柏拉图提出，教育是一项极其重要的措施。

在《理想国》内，孩子一生下来就会先进行"体检"，那些发育健康的婴儿由政府人员抱走，交由国家抚养；相反，身体羸弱的婴儿则会遭到丢弃。

柏拉图提倡早教，认为对婴儿的教育越早越好。在3岁之前，国家会给每个孩子精心挑选出来一个经验丰富的女仆，让她照顾他们的生活起居。

等幼儿长到了3岁，不论是男孩子还是女孩子都会被送到建在神庙附近的儿童游戏场，接受平等的教育。这时，抚养他们的人选也换成了国家派遣的女公民。在儿童游戏场，为了充分发掘儿童的天性，女公民除需要讲故事、唱歌外，还要多和儿童做游戏，以让他们在快乐中成长。不过，并不是任何故事、任何歌曲都可以随便讲、随便唱，为了不让儿童受到负面影响，故事与歌曲的内容都必须经国家的审查，凡是涉及到希腊神话中诸神争斗的事情、子女

对父母的大逆不道、暴力、贪婪、好色、欺诈等内容，一律删除，以防孩子们因耳濡目染形成奸诈、好勇斗狠等坏品性。

当游戏场的教育持续到孩子们长到 6 岁时，男孩子和女孩子会被分开来教育，并进入公立的初等学校，在这里学习阅读、唱歌、音乐、书写、计算等课程。这些课程中，音乐尤其重要，它的范围很广，相当于现在所讲的文艺。柏拉图认为，通过音乐，可以陶冶儿童的心灵。大约到 14 岁时，孩子们要进入体操学校，学习内容有体操、射箭、野营、短跑、跳远、掷铁饼、投标枪、摔跤等。这段时间内，教育的内容也要再三甄选，摒弃那些淫秽、恐怖、颓废的内容，以免儿童们近墨者黑，不知不觉间在心灵上铸成大错。为此，需要寻找一些艺人巨匠的作品，引导年轻人进入健康之乡，使他们如沐春风、潜移默化，形成美德。

大约 3 年后，学生们就会迎来自己受教育以来的第一次"大考"。凡是通过考核的学生，将进入军事学校学习，否则将从事农业等生产劳动。

进入军事学校的学生会受到专业的军事训练，其目的就是为了将他们培养成能征善战的军事人才。在这一阶段，为了时刻保持警觉、练就强健的身体以及忍受风吹日晒、风餐露宿的毅力。体操的训练依旧必不可少。此外，为了更熟练地调兵遣将、计算船只、测量作战阵地、观察战地形势、适应海上作战，他们又要学习算术、几何、天文学等课程。军事学校的学习完毕后，第二次重要的考核也来了。这时，大部分的学生会被淘汰下来，从此做一名职业军人。只有一小部分成绩优异、智力超群的学生才会再次得到深造的机会。

柏拉图《理想国》的碎片

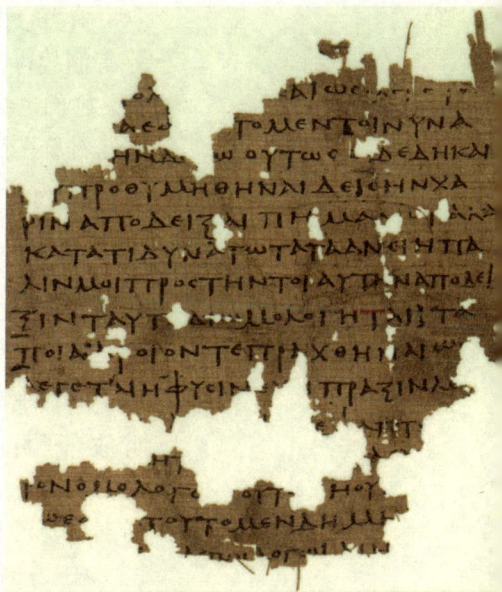

这一轮的"晋级者"，他们的年龄约 20 岁。之后，他们的主要课程都没太大变化，唯一新添加的是哲学。在这一阶段，学生们的课程不再注重实用性，他们主要练习抽象的思维能力。10 年之后，他们再次面临淘汰，除了个别人因为擅长思考继续受教育外，其他人则退出学校，担当官员，为执政者出谋划策。

➡️ 柏拉图的学术探讨会，他在《理想国》中主张男女平等。

这次留下来的人属于那种"天之骄子"，他们非常善于哲学思辨。这些人大约有30岁，他们专门学习哲学中的最高智慧——辩证法，如果达到精通的程度，则进入实际工作中接受锻炼，比如指挥战事、管理国家事务等，通过这些考验，看看他们是否能够真正做到坚毅、坚韧。弹指间又是15年，到了50岁时，如果确实既有实际才干又在哲学方面有精湛的造诣，这些极个别的精英便可成为哲学王即最高统治者。

《理想国》中教育的最高目标，是培养哲学王。而他的培养过程，属于马拉松式的，在长达数十年的时间中，一批批"平庸"者被淘汰下来，最终，如同登上了山顶，哲学王才脱颖而出。哲学王是罕有的人杰，不但记忆力强、勇于追求真理，而且拥有正义、勇敢、节制、智慧等美德。

值得一提的是，在《理想国》中，柏拉图主张男女实行平等的教育，女子与男子拥有同样的机会成为军人和执政者。她们也像男子一样赤身裸体进行军事训练，一样在战场上冲锋陷阵。

三游叙拉古

由于在希腊没有机会实现自己的政治理想，所以柏拉图苦心孤诣创作了《理想国》，然而，这并不是说，柏拉图就此放弃了将自己的理想付诸实施的宏图大志，其实他一直在寻找自己的伯乐。三游叙拉古的经历，便是他上下求索、苦苦寻觅的见证。

柏拉图第一次游历叙拉古是他年轻时为躲避雅典对

自己的制裁，在游完南意大利后，受二十多岁的叙拉古大臣狄翁的邀请前往叙拉古。在这次游历中，因为与狄奥尼修斯一世的矛盾，柏拉图不但无功而返，而且还差点丢掉了性命。距离这次游历20年后，即公元前367年，身在学园的柏拉图再次接到狄翁的书信，邀请他到叙拉古。

这次，叙拉古的情形与柏拉图上次所见到的已经发生了很大变化。首先，狄奥尼修斯一世已经去世，他的儿子继位为狄奥尼修斯二世。二世虽然已经30岁了，但是还没有接受过太多的教育。其次，由于强国迦太基的威胁，叙拉古形势严峻。

正是基于以上两点，狄翁才希望柏拉图前往叙拉古，指导二世使叙拉古强大起来。当柏拉图接到信时，他再次犯难了。一方面，他深知这位年轻的帝王太过软弱，想改变他难于登天；另一方面，借助自己一人之力，想达到使当时的叙拉古破除迦太基威胁的目标，几乎是难以实现的。可是，难道就这样放弃吗？不！柏拉图鼓励自己，只要是人，通过教育总会改变他。何况，如果放弃这次机会，外人又会怎么谈论整天以治理国家为梦想的自己呢？

明知道前面的路困难重重，柏拉图还是下定了决心要去。不过，这次，他并不奢望培养出来一个哲学王，他希求的只是能帮助叙拉古强大起来。一切准备好后，柏拉图随即扬帆起航，第二次前往叙拉古。

初到叙拉古，年轻的二世因为柏拉图大名鼎鼎，所以对他礼遇有加。在最初的日子里，柏拉图按照自己的规划开始指点这位年轻的帝王。他们一起学习哲学、几何学等课程，如同在学园，他们也经常以政治为内容进行辩论，在柏拉图看来，初期的情况并没有自己预料的那么糟糕。

然而，接下来的一件事，无疑让柏拉图稍稍回暖的心再次凉了下来。原来，狄奥尼修斯二世是一个嫉妒心非常强的人，眼看着狄翁的权力越来越大，他的"任性"开始发作了，再加上旁边一些人的挑拨，事态遂急剧扩大，最终，狄翁被驱逐出境。

叙拉古

这一下，与狄翁亲近的人开始如坐针毡。因为柏拉图不但是狄翁的"偶像"，而且他们又来往频繁，所以自然也成了防范的对象。无奈之下，柏拉图只好四处求援，希望早些离开这一是非之地。不幸中的大幸是，迫于柏拉图的威望，二世最终将柏拉图释放回雅典。就这样，第二次访问叙拉古，柏拉图再次铩羽而归。

回到雅典后，柏拉图与狄奥尼修斯二世还依旧保持着通信联系，并指导他的课程和学业。因为这种"藕断丝连"，公元前361年，二世邀请柏拉图再次前往叙拉古指导自己。当时，由于狄翁依旧处于被放逐中，所以出于缓和狄翁与二世矛盾的意图，柏拉图不顾自己已是一位花甲老人，又一次乘风破浪到了叙拉古。

事实证明，这次他依旧跑了一趟冤枉路。因为二世不仅没有收回放逐狄翁的命令，而且没收了他的财产以及迫使他的妻子改嫁。这种做法，使得二人的裂痕已经扩大到无法弥补的地步。更糟糕的是，与前几次相比，柏拉图的境遇更加糟糕，他甚至一度有被二世谋害的危险，还是在朋友们的多方斡旋下，在叙拉古待了近一年的时间后，柏拉图这才风尘仆仆回到雅典。

三次叙拉古的访问经历，不仅让柏拉图历经劫难，而且使他的心感到万分疲惫。之后，他再没有做过远游，而是静静地住在学园内，一心一意地当一名老师。

柏拉图与亚里士多德

西方教育的宗师

居住在学园中的柏拉图继续着讲学和著述，虽平淡却不乏适意。在这期间，值得一提的是，学生中有一位名叫亚里士多德的人，不但机智，而且很勤奋，对他，柏拉图充满了期望。

日子一天天流逝，柏拉图的暮年似乎就将在平凡中度过。但是，事实上，他还要经历一次"劫难"，才能走完自己

最后的路程。

公元前357年，被放逐的狄翁在学院内联合了一大批志同道合者，开始秘密集结，并招募军队。没过多久，趁着狄奥尼修斯二世外出征战的机会，狄翁率领着自己的军队一举攻下了叙拉古。事成之后，柏拉图向他写信祝贺，同时提醒他不要穷兵黩武，希望他替学园树立一个正义的典范。然而，狄翁让柏拉图失望了。由于他奉行暴力，不但很快失去权力，而且被杀害。

狄翁的死，无疑使柏拉图这位古稀老人受到了很大打击。在很长一段时间内，他都被痛苦所折磨。

公元前347年，已届耄耋之年的柏拉图被邀请参加婚宴，在酒席上他突然觉得身体有些不适，便退到屋角休息。这次，他没能再缓过来，从此长眠不醒……按照遗愿，他被埋葬到了学园中。

学生们依依不舍地告别老师，他们歌颂老师，感谢他对自己的教诲，在众多的赞词中，亚里士多德这样歌颂柏拉图：

柏拉图来到雅典这片神圣的土地，
怀着一颗虔敬的心筑起庄严的祭坛。
（我将这首赞词）
献给一个至清至净的人，
献给他那崇高的友谊。
在众人之中他唯一
且最早在自己的生活中，
在自己的作品里，
清晰而又明确地指出，
唯有善良才是幸福。
这样的人啊，
再难寻觅。

▲柏拉图

在诗中，亚里士多德深情地抒发自己对老师高尚品德的赞美。事实上，作为一名思想者，尤其是一位教育家，柏拉图不仅在品行上是一个楷模，而且在教育思想与实践上更是一座高峰。可以说，他乃是西方教育名副其实的宗师。

世界大教育家成功故事

大 事 年 表

公元前 427 年　　柏拉图出生于一个贵族家庭。因为他的肩膀很宽，所以取名
　　　　　　　　"柏拉图"。"柏拉图"在希腊语中即意为"宽阔"。

前 420 年　　　　柏拉图被送进学校接受启蒙教育。

前 407 年　　　　20 岁的柏拉图遇到苏格拉底，从此追随他学习了 8 年。

前 399 年　　　　苏格拉底被诬陷致死，柏拉图受到了很大打击。

前 398 年　　　　柏拉图与苏格拉底的其他弟子纷纷离开雅典，陆续到过埃及、
　　　　　　　　南意大利、西西里等地。

前 387 年　　　　受到自己昔日的学生狄翁的邀请，柏拉图访问了叙拉古的僭
　　　　　　　　主狄奥尼修斯一世，后来，因为意见不合，柏拉图被卖为奴隶。

前 386 年　　　　柏拉图获得自由回到雅典。之后，他创建了学园，开始个人讲学。

前 367 年　　　　柏拉图带弟子第二次访问叙拉古，希望实现自己的政治理想。
　　　　　　　　时值狄奥尼修斯二世当政。

前 366 年　　　　狄翁因与狄奥尼修斯二世存在矛盾，最终遭到驱逐。无奈之
　　　　　　　　下，柏拉图也悄然离开叙拉古。

前 361 年　　　　受狄奥尼修斯二世之邀，柏拉图第三次访问叙拉古。与前两
　　　　　　　　次一样，他再次无功而返。

前 357 年　　　　柏拉图开始远离政治活动，全力讲学与著述。

前 347 年　　　　柏拉图与世长辞，享年 80 岁。

孟 子

孟子是继孔子之后中国古代的又一位重要的教育家。与孔子的经历相似的是，孟子也经历了设帐教学、周游列国等生活，并且同样大志未酬；但是与孔子在周游期间，惶惶如丧家之犬所不同的是，孟子每次出游，不但车马数十乘、弟子数百人，一路浩浩荡荡，而且每到一地，几乎无不受到礼遇。

作为一名教育家，孟子继承了自己宗师——孔子的众多思想。比如培养君子、因材施教、循循善诱等；但是孟子也有自己鲜明的特色，比如注重培养弟子的浩然正气、善于辩论、善于比喻等。

孟母教子

大约于公元前 372 年，孟子出生在今山东邹城，他的祖先可以上溯至当年叱咤一时、与孔子屡屡较量的贵族孟孙氏。后来，孟孙氏衰微，其家族的一支便从鲁迁到邹，这一支就是孟子的直系祖先。

邹是战国时期的一个小国，大约在今天山东省的邹城市周围。孟子出生后，父母为他取名孟轲，希望他将来能出人头地，光耀门楣。不料，在他 3 岁时，父亲便亡故，尚不经人事的他只得和母亲相依为命。

据说，孟子的母亲姓仉，曾受过良好教育。因为母亲的这种出身背景，孟子从小就受到了严格的教育，至今，还流传着许多有关孟母教子的故事。其中，"孟母三迁"、"孟母断杼"最为有名。

话说，孟子幼年时，与母亲最先住在离墓地非常近的地方，每当孟子在家门口玩耍时，就会时常看见送葬的队伍浩浩荡荡地路过，小孩子调皮，看见别人哭爹喊娘的，他自己也张着嘴喊，看见别人举行祭奠仪式，他自己也照猫画虎地玩。

有意思的是，有时葬礼结束后，墓地往往会留有送葬队伍落下的物品，古人认为这是很不吉利的东西，但是小孟子哪管这些，他不但没有忌讳，还觉得新鲜，有时竟然"放肆"地将这些东西带回家。可想而知，当仉氏看见假装着哭丧以及带着很多"晦气"东西的孟子时，有多么生气。

仉氏明白，为了孟子的将来打算，再也不能在此地居住，于是，她下定决心要搬家，便开始寻觅新的住所。后来，她看中了市集附近的几间茅舍。

很快，孟子一家搬到了新的房子。本来，因为离开了很多朋友，所以在搬家时孟子还磨磨蹭蹭，闷闷不乐；但是市集毕竟是市集，其热闹与繁华远非当初的住所可以相比，刚刚还生闷气的孟子立即被周围的

⬇ 孟子（今山东省邹城市）人。图为今山东邹城孟府西府院山门。

新环境吸引了。

　　令孟子感到兴奋的事情还在后面。经过一番巡视，他发现，自己家的隔壁，有一家经营杀猪宰羊的营生。这下，孟子又找到了新的"游戏"项目，几天后，他就和新结识的一些伙伴跑到邻居那里，争着看人家宰杀动物。因为自己看还不过瘾，所以他又与朋友们捏好泥巴，将泥巴当做动物，学着切泥巴玩。

　　一天，孟子玩得正酣畅淋漓，不想却被母亲撞了个正着。因为对孟子充满了希望，所以仉氏不希望儿子做杀猪宰羊这种被当时人认为很"低贱"的行业，所以将孟子训斥了一番。之后的几天，孟子都没有再去过屠夫家。但是，他又被市集上做买卖的人吸引了，他眼看着那些商人招揽顾客，介绍物品，只要生意成交，就有钱赚。

　　于是，他又找来伙伴们，大家分为两拨，一拨当顾客，一拨当商人。孟子就在商人的一组，只见他一会儿鞠躬欢迎客人、一会儿招待客人、一会儿和顾客讨价还价，倒也是形神俱似、有模有样。仉氏在家门口远远看见孟子的举动，这次，她没有训斥他，而是下定决心要再次搬家。

■《孟母断机教子图》，清代画家康涛绘制。

　　这一次，孟母搬到了一所学宫附近。每月一定的时间，官员总会到学宫的文庙行礼跪拜，并且相互交流礼仪。时间一长，孟子因为经常看到一群文质彬彬的人在学宫内进进出出，再加之里面不时有朗朗的读书声传出来，所以耳濡目染，孟子调皮的习性开始有所收敛，他也开始学习礼仪，并且也试着读书。眼见儿子受到了好的熏陶，孟母终于将悬着的一颗心落了下来。从此，他们就定居在这里。

　　时光荏苒，孟子读书已经有好几年了。一天，他从学堂回家，仉氏正在织布，看见孟子就随口问他，今天学得怎么样。孟子见问，头也没回，就嘟囔着说，还能怎么样，还不是和过去一样！仉氏停下织机，抬头看了孟子一眼，看他一脸的无所谓和不耐烦，当即拿起旁边的剪子，剪断了正在织的布匹。孟子此时才回过头来，看见母亲将好不容易才织成的布弄坏了，又是心疼又是疑惑地问母亲，为什么要这么做。

孟母说："我让你学习，是为了让你将来出人头地，避免去做那些下贱的职业。倘若你不好好学习，半途而废，岂非就如这剪断的布一样？我问你，它还能再连接得上吗？"一番话下来，孟子只是低着头，满脸的羞愧。

受到母亲警示的孟子下决心努力求学，之后，他四处求教名师。据《史记》记载，他曾拜子思的一位门人为老师学习。子思，名孔伋，他是孔子的孙子。

据说，今天流传的《中庸》就是子思所作。可以想象，孟子的老师想必也得到了子思的真传，而孟子也从自己的老师那里，同样学到了"纯正"的儒家理论。

受到母亲的教诲，自此，
孟子勤奋学习，四处求学。

教育英才

春秋时，自从孔子首先举起了办私学的旗帜以后，到孟子生活的战国年代，私学已经非常盛行。许多人之所以热衷于办私学，一方面想实现开启民智、教书育人的理想，另一方面，也是想通过办学，宣扬自己的学术主张，借此制造轰动效应，以图能够得到君王的重用。故而，在学习了多年后，孟子也开始设帐教学、招揽门徒。他曾说过，君子有三大快乐：父母健在，兄弟平安，家庭和睦，这是一乐；上不愧对于天，下不愧对于人，问心无愧，这是二乐；得到天下优秀的人才进行教育，这是三乐。

其实，孟子之所以办学，除了上述的理由以外，他还有一个自己的理想，那就是通过教育，让父子之间越来越亲近，让君臣关系越来越和谐，让夫妇有别，让朋友之间互相诚信……总之，他希望借助教育，让当时的社会温暖起来。

要达到这样一个目的，与自己佩服的先贤孔子一样，孟子在教育自己的学生时，最先还是教育他们做一个怎样的人。

一天，孟子的齐国学生公孙丑问孟子："请问老师您哪方面比较擅长？"

孟子说："我善于培养自己的浩然之气。"

公孙丑说："何为浩然之气？"

孟子说："很难三言两语讲清楚。这种气，最为盛大，最为刚强，如果用正直去培养它，它就会充满天地之间。这种气必须用仁义来呵护，否则就会缺乏力量；而且，必须持之以恒笃行正义，一旦你自己问心有愧，这种气就会衰弱下来。"

通过这番话，孟子告诉弟子，一个人，一定要有正义感，要正直，这种正直会在我们心中熊熊燃烧，进而赐予我们无穷的力量。有了这种力量，我们就可以顶天立地，可以上不愧对于天，下不愧对于人。

可是，如何培养这种浩然正气呢？就这个问题，有弟子请教孟子。孟子听罢，微微捋了捋胡须，面向着广阔的天空，语气铿锵地说了一段让大家的精神为之一振的话：

"舜在田间劳动中成长为一代明君，傅说从筑墙的工作中成为一代名相，胶鬲从卖鱼盐者成为一代名臣，齐国大臣管仲被提拔前是一个囚犯，名臣孙叔敖和百里奚，一个从海边被发现，一个从市场上被选拔。这些仁人志士，没有一个不曾经历苦难，经受磨炼。故天将降大任于斯人也，必先苦其心志，劳其筋骨，饿其体肤，空乏其身，行拂乱其所为，所以动心忍性，曾益其所不能。"意思是说上天将要把重大使命降落到某人身上，一定要先使他的意志受到磨炼，使他的筋骨受到劳累，使他的身体忍饥挨饿，使他备受困顿之苦，做事总遇到挫折。上天通过这种方式，来震动他的心志，坚韧他的性情，增长他的才能。

换言之，孟子是告诉弟子，只有一个能够承担灾难、忍受身心的痛苦，能够在挫折中抬起头来，继续昂首阔步走在人生之路上的人，才能够练就浩然正气。

类似的话，孟子曾在多种场合对弟子说过，有时，即使不是有意地专门去教育学生，但是他的言行，却足以启发他们。

舜是一代明君，他的臣子大多是从各个地方选拔而来，并且它们都曾经历苦难，经受磨炼。孟子也这样教导自己的弟子要做一个能够承担灾难、忍受身心的痛苦的人。

一次，一个叫景春的人遇到了孟子，此人因为崇拜那位雄辩天下、纵横捭阖的张仪，所以就对孟子说："张仪也算是一位大丈夫了，您看他只要一发怒，诸侯们都会害怕。他只要安静下来，天下就会平安无事。"

听了这一番话，孟子很不以为然，但他并没有直接驳斥景春，而是给他打了一个比方："每当女子出嫁时，她母亲就会将她送到门口，然后谆谆告诫道：'到了你丈夫家里，凡事要恭敬，一定要谨慎，不要违背你的丈夫！'景春，你知道吗？这样的女子到了丈夫家里，就会不问是非，一味顺从，没有一点原则。张仪就是这样的人，他心中没有正义，他只会一味逢迎各个诸侯，一味地顺着诸侯的意思获得权力。这岂是大丈夫所为？我告诉你，什么是大丈夫：大丈夫应该站在天下最正确的位置上，走着天下最光明的大道。穷则独善其身，达则兼善天下。富贵不能使他骄奢淫逸，贫贱不能使他改变节操，威武不能使他屈服意志（富贵不能淫，贫贱不能移，威武不能屈）。"

因为非常有志于当一名大丈夫，所以孟子也对弟子们充满了期望，在具体的教学中，他也因此特别留神挖掘弟子们的潜力，注意培养他们独立学习的能力，鼓励他们自由思考。为此，许多弟子不理解，认为孟子太抠，不肯把自己的满腹经纶传授给别人。

孟子对弟子们充满期望，他见许多学生三心二意，不能专心致志。于是就给他们讲一个关于两个人跟老师学习下棋的故事，以此来教育学生。图为学弈的典故。

听到这种话，孟子也只能苦笑，他打比方说："能工巧匠能够教会别人许多技术，但他不能够使别人变得像他一样灵巧。正如我教你学习一样，始终还是要靠你自己的努力呀。"

因为看见许多学生三心二意，不能专心致志，孟子给他们讲了一个故事。

话说，弈秋是鲁国最善于对弈的人。他曾教两个人下棋，其中一个人专心致志，只听老师的教导；而另一个人虽然也听讲，可是他心里总想着天上将有天鹅要飞过，应该怎样拿弓箭去射它。到了最后，这个人虽然也在一起学习，

成绩却远不如那个专心的人。

讲完故事,孟子故意问弟子们:"你们认为他的智力不如前一个人吗?"看见弟子们默而不答,孟子却认为这是最好的答案。

孟子虽然一心想培养大丈夫似的理想人物,但这并不是说,不论弟子们的资质如何、个性如何,他都想将其培养成自己期望中的对象。因为作为一名老师,他深知因材施教的道理。

他曾说:"君子教育人的方式有五种,对那些天资聪颖者,就要像及时雨对草木那样,去灌溉他,及时地点化他;对那些品德敦厚者,就要培养他们优秀的品德;对那些在某一方面有特殊才能者,就要尽量发挥其长处;对那些天资平平者,就要耐心解答他的疑问;对那些想学习,但是不能跟随老师学习者,老师就要通过自己的人格风范来感化他们。"

事实上,孟子这一招与孔子当年的方法可谓如出一辙,因为孔子对待颜渊、曾子就是点化,对待冉伯牛、闵子骞就是培养德行,对待子路、子贡就是让他们发挥特长。

名师高徒

与孔子相比,孟子的弟子虽然没有达到"弟子三千,达者七十二人"的水平,但是,时常跟随他的人,也有数百人之多,这里面也不乏英才俊杰。其中,乐正克是孟子最有影响力的一个门徒。

乐正克,姓乐正,名克,鲁国人,他之所以影响力很大,是因为他写了被誉为中国古代的第一篇专门论述教育问题的论著——《学记》。《学记》的内容很丰富,包括教育的目的和作用,教育和教学的制度、原则和方法,教师的地位和作用,师生关系等。

《学记》一开始就开宗明义地说,君子想要教化百姓,并形成好的风俗,就一定要重视教育!

之后,那句广为流传的话就映入眼帘,"玉不琢,不成器;人不学,不知道。"

孟子的弟子中人才很多，其中乐正克是最具影响力的一位。他写了论述教育问题的论著——《学记》。

因为教育是一项艰巨的工程，为了教育更多的人，《学记》中提出，应该每25家设一塾，500家设一庠，12500家有一序，一国则设一太学。这里，相较太学，塾、庠、序都是指比较低级的学校。

接下来，《学记》中又设计了学校中的各种制度：

当学生到了规定的年龄就要进入太学时，天子派来的官吏就会穿着礼服，用蔬菜来祭祀先哲，以示尊师重道。这时，乐工要吟诵《诗经·小雅》中的《鹿鸣》《四牡》《皇皇者华》三篇叙述君臣和睦的诗，用来鼓励学生树立远大的志向，将来做一名有用的政治人才。

入学以后，有关官员会击鼓把学生召集在一起，然后打开书箱发放书籍，这是为了让学生严肃地对待学业；同时，老师会准备好两种教鞭，以警示那些不好好学习的同学。

为了监督学生的学业和品行，国家每隔一年都要考查一次：第一年，考查其对经义的理解能力和学习的志趣；第三年，考查其是否专心学习，是否和同学和睦相处；第五年，考查其学识是否广博，对老师是否尊重；第七年，考查其研究学业的本领和识别朋友的能力。如果达到了标准，就称为"小成"。到第九年，如果学生对于学业已经触类旁通，且具有坚定的信念，就可以称为"大成"。

学生进入正式学习后，他们一般都会有"正课"。季节不同，正课的内容也不同，比如春秋教礼乐，冬夏教诗书。此外，在课余，学生也被要求要懂得课外学习。像练习弹乐器的指法，学习比喻，学好洒扫应对的日常劳动等都属于需要学习的项目。

设想太学里的教育内容以后，《学记》中又引人注目地指出尊师重道的重要性。认为只有能当好教师才能为官，能为官才能为君，从而，将老师放到了极崇高的地位。

但是，这并不说，老师神圣不可侵犯，相反，《学记》对

教师做了很高的要求,比如说,教师需要加强自身修养,一定要有渊博的知识,因为靠东拼西凑地记住一些自己也没有弄懂的知识的人不配做一名教师。

不仅如此,该书中还毫不隐晦地批评:当时的教师,仅仅依靠朗诵课文,大量灌输,而不顾学生的接受能力,致使他们不能安下心来求学。如果教学不能因材施教,没有针对性,教学的方法也就违背了教学原则,提出的要求自然就不合学生的实际。长此以往,学生不但痛恶学业,而且还会怨恨老师。

既如此,如何因材施教?

《学记》主张:教师必须清楚学生在学习上一般会有的四种缺点:有的是贪多嚼不烂,有的是知识面太窄太浅,有的是埋头学习但不思考,有的一味空想、不学习。之所以有此四种过失,是由于人的个性不同。了解了每个人的个性,然后才能对症下药。作为老师,他的责任就是培养学生身上的优点而帮助其改正缺点。

为了更有利于教师教学,《学记》还出谋划策:在教学方法上,当学生的错误想法还没有露出苗头时就能加以禁止,这叫防患于未然。当学生正好处于可以教导的年龄而给予教导,这叫合乎时宜。按部就班地施教,这叫循序渐进。使学生互相观摩取长补短,这叫切磋琢磨。

⬆ 孟子画像

因为乐正克与自己的老师孟子的教育思想,有许多一致的地方,所以《学记》一书,也可以看做是孟子教育理念的补充和完善。

初次周游

与孔子的生平活动很类似,孟子在经历了一段设帐教学的活动后,也在齐、宋、滕、魏、鲁等国之间周游,以期待诸侯们能够采纳自己的主张。

大约于公元前329年,孟子第一次来到齐国时,时值齐威王主政。齐威王是一位比较有作为的君主,他在位期间,齐国国力一度强盛。现在流传的"邹忌讽齐王纳谏""田忌赛马"等故事就与齐威王有关。

孟子到了齐国后，并没有去面见齐威王，而是在稷下学宫待了很长一段时间。稷下学宫又称稷下之学，它是齐国官办的高等学府，学宫的学者为稷下先生，其门徒称为稷下学士。

因为可以畅言国是、广发议论，所以稷下学宫学术氛围浓厚、思想自由，一时间引来儒、道、名、法、墨、阴阳、小说、纵横、兵家、农家等各个学派的代表人物，可谓群英荟萃。孟子在学宫的这段时期，正是齐威王为了选贤任能，广开言路，大力地扩建稷下学宫之时。

但是，虽然孟子在稷下学宫内影响很大，但是他却似乎并未得到齐威王的青睐而受到接见。齐威王为了表示自己尊重人才，只是送给了他"兼金一百镒"，镒是重量单位，兼金是上等的金子，虽然这份馈赠很贵重，但是孟子并没有接受。

由于得不到重用，孟子就离开齐国，走访了宋国，没多久他又回到了邹国。这时，恰好邹国同鲁国在交战。孟子见到邹穆公后，邹穆公满肚子地委屈向孟子请教：

"和鲁国打仗时，我的官吏死了33个，而百姓们却没有一个为他们而牺牲的。可是，杀他们吧，杀不了那么多。不杀他们吧，又实在恨他们眼睁睁地看着长官被杀而不去营救。你说我该怎么办？"

孟子给邹穆公讲政

孟子见问，回答说："每每年景不好时，老百姓中年老体弱的就被弃尸于山沟，年轻力壮的则逃荒于山野，一来二去，差不多有上千人吧！然而，是没有粮食吗？不是！国家的粮仓里堆满粮食，货库里装满财宝，可官吏们就是从来不向您报告老百姓的惨况，试问，这岂不是漠视老百姓的生命并残害老百姓的行为？曾子说过：'小心，小心！你怎样对待别人，别人也会怎样对待你。'现在就是老百姓报复他们的时候了。您还是不要归罪于老百姓吧！只要您施行仁政，老百姓自然会亲近他们的长官，自然会因为他们的恩德而慷慨赴死。"

因为看见邹穆公对自己的主张并不在意，孟子便离开邹国，到了滕国，并觐见了滕文公。

在早年游历中，孟子由于就与当时还没有继承王位的滕文公相识，所以后者对他一直很尊重，曾专门请人求教孟子，应该怎样对待父亲的葬礼。这次，故人相逢，滕文公很高兴，趁着这个机会，他向孟子请教如何治理国家。

孟子回答："有关百姓的事情，丝毫不能有所懈怠。"

滕文公听后说："这个我懂。但是具体应该怎么做呢？"

孟子答："一定要让老百姓有固定的产业，这就像古代人所说的，白天要去割茅草，夜里赶着搓绳索。赶紧上房修好屋，开春还得种百谷。百姓们只有有了固定的产业，人心才会稳定，否则，他们就会去做违礼犯法、为非作歹的事。"

因为滕国本是一个小国，且内部矛盾重重，所以孟子无意在此地久留，于是，一段时间后，他就离开滕国，到了魏国。

游历魏国

魏国属于战国七雄之一，西邻秦国，东与齐国和宋国相邻，南邻楚国，北邻赵国。它的领土约包括现在的山西、河南、陕西、河北等地的部分地区。

在战国早期，魏国一度称霸中原，但是由于强敌环伺，再加之政治失措，所以越到后期越显衰弱。

公元前 354 年，魏国将领庞涓在桂陵被齐国谋士孙膑打败。公元前 341 年，齐军又在马陵歼灭魏军，魏太子申也在这场战争中被俘虏。次年，秦国军队在商鞅的率领下攻魏，魏国大将公子卬被俘虏。在公元前 330 年—前 328 年之间，魏国又两次向秦割地。公元前 323 年，楚军也大破魏军，并取得魏国许多土地。因为这种背景，魏国的梁惠王正在急切地寻找救国之策，以图东山再起。

而就在这时，即公元前 320 年，孟子来到

相传孙膑曾与庞涓一起拜师鬼谷子学习兵法。庞涓在未学成时便下山出使魏国。孙膑来到魏国后受到了重用，庞涓因嫉妒孙膑的才能，便多次向魏惠王进谗言，诬陷孙膑。于是，孙膑被割去膝盖骨而致残，以装疯骗过庞涓，逃离了魏国。后来，在齐国使臣的帮助下，孙膑受到了齐王的重用，并最终打败了庞涓。

魏国,这年他已53岁。

当孟子见到梁惠王时,惠王就迫不及待地对他说:"老先生,我们魏国以前可谓天下无敌,这您是知道的。可是,这江山传到我手中时,你看看成了什么样子?东边败给了齐国,我的长子也牺牲了;西边被秦国抢去700里;南边又被楚国欺侮。每每想到这些,我就深感耻辱,昼夜想着如何才能为死难者洗恨雪耻。您不远千里而来,一定给我带来了有利于我国的锦囊妙计吧?"

孟子回答道:"大王,您为什么非要谈利呢?只有仁义就够了。如果你老是说怎样有利于我的国家,如果大夫们也像您一样说'怎样有利于我的封邑,'如果士人平民也说'怎样有利于我自身,如此,上上下下互相争夺利益,那国家就危险了……没有仁义的人会遗弃自己的父母,没有仁义的人会不顾自己的君主。大王只要讲仁义就行了,何必谈利呢?"

梁惠王沉默了一会,遂又对孟子辩解说:"可我对百姓,也可以说仁至义尽了呀。如果河内发生灾荒,我就把那里的百姓迁移到河东去,然后把粮食运到河内去赈济。河东发生灾荒,亦然。可是,为什么我这么用心,我们魏国的人口却并不比邻国多呢?"

孟子回答道:"大王喜欢打仗,我就拿打仗举个例子。当战鼓敲响、刀剑刚刚相碰时,就有士兵丢盔弃甲,拖着兵器逃跑。其中,有的逃了一百步停下来,有的则逃了五十步后停了下来。您认为,逃了五十步的人可以嘲笑那些逃了一百步的人吗?"

惠王说:"都是逃跑,谁也没资格笑谁。"刚说完这句话,惠王就知道自己打了自己的嘴巴。无奈,覆水难收,只得继续听孟

↑《五十步笑百步》既表达了孟子主张王道,提倡礼乐,反对霸道,反对战争的政治理念,也体现了孟子巧妙的论辩技巧和高超的论辩水平。文中面对"好战"的梁惠王"请以战喻",最终提出"好战"就"无望民之多于邻国",可谓以子之矛攻子之盾,令听者哑然失笑之余,定会沉入深省之中。

子说了。

孟子看见惠王的脸色,知道他已明白自己的用意,遂又说道:"大王您如果知道了这一点,就不要再想着让魏国的百姓比邻国多,还是想想如何才能治理好国家。"

"我乐于听取您的指教。"惠王说。

"如果有 5 亩田的宅地,若能在房前屋后多种桑树,50岁的人就能穿上丝绵袄了;如果重视牧业,让鸡、猪和狗一类的家畜不错过它们的繁殖时节,70 岁的人就能吃上肉了。如果有 100 亩的田地,而没有挤占农人做农活的时间,几口人的家庭就可以不饿肚子了;如果能搞好教育,不断向年轻人灌输孝顺父母、敬爱兄长的道理,头发花白的老人就不必自己顶着东西赶路了,自有年轻力壮者帮忙。如果真能使 70 岁的人穿上丝绵袄,吃上肉,百姓能不饿肚子,岂能不统一天下?"

"可是……"梁惠王正要说什么,孟子继续说道:

"可是现在的情况是,人没有东西吃,富人家的猪狗却能温饱,这种猪狗占了人吃的粮食的现象却没有人来纠正;道路上饿殍遍地,却不知道开仓赈济;人饿死了,却说'这不是我的责任,是因为收成不好',这跟把人刺死了却说'不是我杀的人,是兵器杀的'又有什么两样?大王,请您不要怪罪年成不好,只要推行仁政,天下的百姓就会自愿来到您的国家。"

"可是,魏国与秦、楚的大仇岂能不报?"

孟子回答说:"大王如果对百姓施行仁政、少刑罚、减赋税、倡耕作,让年轻人在耕种之余学习孝亲、敬兄、忠诚、守信的道理。如此,他们即使拿着木棍也能打赢盔甲坚硬、刀枪锐利的秦楚军队了。大王,仁德的人才会天下无敌呀(仁者无敌)!"

经过类似的许多次对话,当梁惠王急着想知道如何才能很快加强军事实力,以对付齐、秦、楚等国时,孟子总教他要行仁义,听多了这些话以后,梁惠王开始怠慢孟子,不像早先那样热情了。

孟子到达魏国的第二年,梁惠王便去世了,继任者是他的儿子梁襄王。一次,孟子去觐见梁襄王。梁襄王突然问他:"天下怎样才能安定下来?"

"天下统一了就会安定。"孟子答道。

"谁能统一天下？"

"不喜欢杀人的国君。"

这次，孟子与梁襄王的见面时间很短，孟子出来后，对梁襄王很不满意，他对弟子说道，远看近看，梁襄王都不像是一个国君。

因为对梁襄王已经不抱什么期望，恰好此时，齐威王已死，齐宣王继位，所以孟子便离开魏国前往齐国。

论辩齐国

到了齐国后，齐宣王对孟子非常礼遇，孟子趁此机会与他进行了多次交谈，试图通过他来推行儒家所倡导的仁政。

一次，齐宣王召见孟子："您给我讲讲齐桓公（齐国国君姜小白，春秋时第一个霸主）、晋文公（晋国国君姬重耳，春秋五霸之一）称霸诸侯的事情吧！"

孟子回答道："这件事情孔子的门徒没有说过，我也没听过。您一定要我讲的话，那倒不如听我谈谈如何用仁德统一天下。"

宣王问："这话怎么说？"

孟子回答道："只要爱抚百姓的君主就能统一天下。"

宣王问："你看我可以做到爱抚百姓吗？"

孟子说："可以。"

宣王笑了，问："你怎么知道？"

孟子说："我听过这样一件事。一次，大王坐在堂上，有个人牵着牛从堂下经过，您见了，问：'把牛牵到哪里去？'那人回答说：'要杀了它用来祭祀。'您说：'放了它！我不忍心看它害怕、哆嗦的样子，它既无罪，何必杀它，放了吧！'那人问：'那么就不用祭祀了吗？'您说：'用羊替代它！'不知可有此事？"

宣王说："有这回事。"

孟子说："您这样的心肠完全可以统一天下！

晋文公春秋五霸之一

霸绩中衰蜜
夏负恃家兼遂兴
翊戴天子简丹忠良一心永
兵请随冒赏请狩枯修胡贤
公文晋

有人认为您用羊代牛祭祀,是舍不得牛,是太抠门,我知道这是您不忍心。"

宣王听了这句话,仿佛找到了知音,差点站了起来:"对呀,齐国虽小,我还不至于吝惜一条牛。"

孟子说:"也难怪有人误解您了。因为如果您真的怜惜牲畜无辜被杀,那么干吗还杀羊?"

"我也不知道当时是怎么想的了!"齐宣王纳闷道。

孟子说:"您之所以要杀羊,是因为当时您只看到了可怜的牛而没有看到羊啊。不管怎么说,您还是仁德的。"

齐宣王问:"可这样又能怎么样呢?"

孟子反问:"假如有人跟您说:'我的力气足以举起3000斤的东西,却举不起一片羽毛;我的视力足以看清野兽毫毛的尖端,却看不见一车子的柴禾。'您相信他的话吗?"

宣王说:"岂有此理!"

孟子答:"您能对动物施加恩惠,却不能对百姓施加,这就如一片羽毛举不起来,是因为不肯用力;一车的柴禾看不见,是因为不肯张大眼睛。所以说,在对百姓施加恩惠这件事上,您不是没有能力做,而是您不想这么做。只要您想做,也只是将您的善心推广开来就好了。"

好一会儿,齐宣王都不动声色。

又有一次,齐宣王问道:"大家都建议我毁掉明堂(指泰山明堂,周天子东巡时接见诸侯的建筑),您说毁还是不毁呢?"

孟子回答:"明堂是施行王政的殿堂。大王如果想施行王政,就请不要拆毁它。"

宣王说:"何为王政?"

孟子回答:"从前周文王治理岐山时,不禁止任何人到湖泊捕鱼,处罚罪犯时也不牵连他的家人。失去妻子的老年人叫做鳏夫,失去丈夫的老年人叫做寡妇,没有儿女的老年人叫做独老,失去父亲的儿童叫做孤儿。这四种人是

↑ 孟子

天下最无依无靠的人。文王实行仁政,总是最先考虑他们。"

宣王听完,击掌道:"说得好!"

孟子立即反问:"大王如果认为说得好,为什么不这样做呢?"

宣王说:"因为我有个毛病,我爱财。"

孟子说:"大王爱财没什么错,如果您想到老百姓也爱财,能使他们富裕起来,爱财没什么不好!"

宣王笑道:"我还有个毛病,我好色。"

孟子反击:"大王喜爱女色也没什么错。如果你能想到老百姓也喜爱女色,能让年老未出嫁的女子找到丈夫,能使老光棍找到妻子,贪色有什么不好?"

听完孟子的话,齐宣王哈哈大笑,可就是不再说什么了。

因为孟子在齐宣王面前总是直言不讳,并且时常咄咄逼人,所以他的弟子们就请他"收敛"一些,以防小人陷害。但是孟子非但听不进去,而且有时甚至让齐宣王尴尬地下不了台。

一天,孟子对齐宣王说:"假如大王有个臣子,他把妻子儿女托付给自己的朋友照顾,然后到楚国游历,可等他回来时,妻子儿女却瘦得皮包骨头,您认为,对这样的朋友该怎么办?"

宣王说:"与他断交!"

孟子说:"那么,如果一个掌管司法的官员,管理不好他的下级该怎么办?"

宣王说:"将他罢免。"

孟子说:"一个君王,治理不好一个国家该怎么办?"

一句话,齐宣王顿时语塞,但因为没有理由斥责孟子,所以他就一会儿用手扫扫衣服上的灰尘,一会儿咳嗽两声,然后与臣下聊聊其他事情。

尽管孟子在齐国期间经常"出言不逊",但齐宣王对他一直还是很尊敬,并且封了他一种级别很高的官衔——客卿。可是,对孟子来说,虽然每次出行都有很多人跟着他,自己也不用为衣食发愁,但是,齐宣王再怎么厚待他,不用自己的主张,不采纳自己的思想,对他来说,一切也就没有了意义。于是,他打算离开齐国。

山东邹城的孟庙

孟子准备离开齐国的消息传到齐宣王那里后，齐宣王就对一个臣子说："你去告诉孟子，我想在都城中给他建一所房子，再给他和他的学生提供六万多石的粮食，想办法将他留在齐国，给我的官吏和百姓做个榜样。"

这位大臣后来就把齐王的话告诉了孟子，孟子本不是为了财富而来的，所以就拒绝了齐王的挽留，启程离开齐国。

当孟子和学生们到达齐国的边境时，有个想为齐王挽留孟子的人，赶上孟子，想劝他回心转意。

事实上，孟子自己也不想就这样放弃，他一直对齐宣王抱有很大期望，也因为这个缘故，此次，他一连在齐国的边境上徘徊了3天都没有离去。但是，一想到齐宣王不会采纳自己的主张，孟子还是拒绝了那位风尘仆仆赶来恳请他留下的人。

对孟子的这种做法，一个齐国人批评孟子，说他早知道齐王不能成为明君，还要来齐国；明明已经打算要离开齐国了，却又磨磨蹭蹭，太不合适。

孟子知道后，为自己辩解："此人哪会懂得我的心思？千里迢迢来见齐王，是我自己愿意；现在离开，难道也是我愿意的吗？我实在是不得已。假如齐王现在改变了态度，想召我回去，我一定会回去。"

壮志未酬的失意，在加之旁人的冷嘲热讽，孟子不免灰心丧气。一个弟子见到老师郁郁寡欢的样子，就安慰他："您不是曾经说过，遇到挫折，君子不抱怨天，不责怪旁人吗（君子不怨天，不尤人）？"

孟子叹了一口气，说道："彼一时，此一时也！"过了一会儿，他看着弟子也气馁下来，就望着正在乘风飞翔的鸿鹄，为了给自己加油，也为了给弟子们鼓气而说道："我听说，每五百年必定会有一位明君出现，随之也必定会有一位辅助明君的贤才。从周朝以来，到现在已经七百多年了。按理，现在也应该出现圣君和贤臣了。如果老天不想让这样的君臣出现，那我也无可奈何，但是，如果将必定出现，在当今这个时代，除了我，还有谁能担当这个辅助

孟庙是一处长方形、具有五进院落的古建筑群，以主体建筑"亚圣殿"为中心。图为亚圣殿。

君主的重任？"

然而，在孟子徘徊张望、大发感慨时，齐宣王并没有改变心意。孟子不得不带着遗憾，最终诀别齐国。

落叶归根

离开齐国后，孟子又去了宋国，他的这种周游列国，引起了一些学生的不满。

一次，学生彭更就质疑："老师，您周游时，几十辆车子、几百个人跟着你，然后大家从这个诸侯国吃到那个诸侯国，是不是太过分了些？"

孟子义正词严地回答："如果一个人行为不正当，即使是一篮子饭也不能吃；但是如果正当的话，就是像舜那样接受了尧的天下也不过分。你说我们的行为过分吗？"

彭更看见老师误会了自己的意思，就纠正说："不，我不是这个意思。我觉得，读书人白吃饭不劳动，很不好。"

世界大教育家成功故事

作为儒家代表人物，孟子继承并发扬了孔子的思想，成为仅次于孔子的一代儒家宗师，有"亚圣"之称，与孔子合称为"孔孟"。

孟子笑道："我给你举个例子，凡事都要互通有无，交换产品。如果不交换，农民多余的粮食就会浪费掉，妇女织出来多余的布同样没人穿。一旦互通有无，木匠车工都可有饭吃、有衣穿。再比如，这里有一个人，他在家孝顺父母，出门尊敬长辈，用先贤的学说来培养后学，却不能从你那里混口饭吃。你觉得可以吗？"

彭更觉得老师在偷换概念，就又追问："木匠和车工，他们干活本来就是为了混口饭吃，可读书人研究学问，也是为了讨口饭吗？"

孟子说："你别管他们是为了什么，只要谁对你有功劳，应该给他们吃，那就给他们吃罢。"

孟子在宋国没有待多长时间，又

到了鲁国。因为他的学生乐正克被鲁国君主重用，所以乐正克一直向鲁君推荐自己的老师。

后来，鲁君终被说动，并愿意前去拜访孟子。可是，就在他即将要坐上车子时，他的一个宠臣臧仓却趁机拦阻，原因是孟子在安葬自己母亲的时候，不按当时的规矩，棺椁和衣物太过华美。鲁君听后，也认为孟子的这种做法不像贤人，随之放弃了拜访。

等乐正克将事情的来龙去脉告诉孟子时，孟子半是安慰自己半是遗憾地说道："哎，这纯属天意，姓臧的小子又能发挥多大的作用呢？"

当最后一丝被任用的希望也破灭后，已经年过花甲的孟子再也没有精力四处闯荡了；于是，同孔子一样，孟子回到了家乡邹国。

可是，与孔子述而不作不同的是，孟子积极与弟子万章、公孙丑等人撰写自己的著作。这就是我们今天所见的《孟子》。《孟子》一书是我们了解孟子生平活动以及思想主张最主要的来源。

激扬论道

在邹国期间，除了著书，孟子便将自己的晚年光阴用到了与学生们互相答辩、教学相长当中。而他们讨论的范围，大至国家间的政治、军事，小到一个人的修身养性以及如何读书、学习等细节问题，所涉领域非常广泛。

一次，学生万章问老师，如何才能让国家固若金汤，孟子就说："有利的天时不如有利的地势，有利的地势不如人心的团结（天时不如地利，地利不如人和）。正所谓'得道多助，失道寡助'。"

万章又问："请教老师，民与君孰重孰轻？"

孟子说："百姓最为重要，代表国家的土神谷神其次，国君为轻。"

"请老师顺便谈谈交朋友的原则吧！"万章紧紧地抓着老师的手不放。

孟子说："无论何时，交朋友时，不倚仗年龄大，不倚仗地位高,不倚仗兄弟的势力去交朋友。交朋友不是为了财、色、权、利、势,交朋友交的是品德。"

因为孟子鼓励学生要多读书,所以他不论什么时候,总能看见有学生在各个角落读书。这一点,让他倍感欣慰。可是,他也发现一个问题,许多人读了书,便以为书中所说的就是真理,应该一字不改地牢记在心。

为了让学生们知道既要读书,又要独立思考、灵活运用的道理。一次,因为看见有学生在读经典书籍《尚书》,所以就趁着机会给大家讲了一个故事:"记得当年,齐国人淳于髡和我辩论,有人可能知道他,此人个子虽矮,但是口才极好,曾经出使各国,而且非常幽默诙谐。那次,淳于髡问我:'男女之间不亲手递接东西,这是礼的规定对吧?'我说:'是的。'然后他忽然冷不丁地冒出一句:'那么,假如嫂嫂掉在水里,小叔子应该用手去救她吗?'"

说到这里,学生们哄堂大笑,所以孟子暂时打住,也乐呵呵地笑。

稍稍暂停后,他继续说道:"我当时就语气强硬地说,嫂嫂掉在水里而不去拉,简直如豺狼一般!男女之间不亲手递接东西,这是礼的约束;但嫂嫂掉在水里,小叔子就应该用手拉她,这是通权达变。我说这个故事的意思就是想要告诉你们,完全相信《尚书》,那还不如没有《尚书》。我本人也就只相信其中的一部分罢了,对于其他书的态度,也应该是这样。"

除了谈及学生在学习中遇到的一些困惑,孟子谈得最多的就是关于"仁义"以及个人的道德修养。而每次谈到这里,他都语气铿锵,掷地有声。

一天,他谈到人性本善的问题,就说:"我之所以认为人性都可以向善,是因为同情心,人人都有;羞耻心,人人都有;恭敬心,人人都有;是非心,人人都有。"

看见有人疑惑的样子,孟子补充道:"你们不相信?我举个例子,如果今天有人突然看见一个小孩子要掉到井里去了,必然会对他产生同情。我们之所以会这样做,不是因为想要讨好他的父母,不是想要赚取好名声,也不是因为听了孩子的哭声才这样。之所以会如此,根本在于,我

↑孟庙里面的碑亭

们本来就是善的。故而，没有同情心，简直不是人；没有羞耻心，简直不是人；没有谦让心，简直不是人；没有是非心，简直不是人。"

岁月悠悠，孟子结束周游后，于物换星移中与自己的学生们在互相论道中安安静静地度过了他最后的日子。公元前289年，在学生们的陪伴下，孟子走完了他的一生，享年84岁。

作为一个经常以善养浩然正气而自诩的人，从下面一段话中，我们可以再次体味孟子对自己的评价，以及他的精神品格：

"鱼是我想要的，熊掌也是我想要的，如果非要选择，我就舍弃鱼而要熊掌。生命是我想拥有的，正义也是我想拥有的，如果非要选择，我就舍弃生命而坚持正义。生命是我想拥有的，但是因为还有比生命更值得我拥有，所以我不愿苟且偷生；死亡是我厌恶的，但是还有比死亡更使我厌恶的，所以我不愿因为厌恶死亡而逃避某些祸患。"（原文：鱼，我所欲也，熊掌亦我所欲也；二者不可得兼，舍鱼而取熊掌者也。生，亦我所欲也，义，亦我所欲也；二者不可得兼，舍生而取义者也。生，亦我所欲，所欲有甚于生者，故不为苟得也；死，亦我所恶，所恶有甚于死者，故患有所不辟也。）

《孟子》一书是孟子的言论汇编，由孟子及其弟子共同编写而成，记录了孟子的语言、政治观点（仁政、王霸之辩、民本、格君心之非，民贵君轻）和政治行动的儒家经典著作。

孟子死后，他没有像孔子那样，短时间内被人置于很高的地位，而是在一个漫长的时间内逐渐上升。

东汉时，一位名叫赵岐的人将《孟子》与《论语》相比，并给《孟子》作注。到南宋时，朱熹将《孟子》列入"四书"当中，元、明以后该书遂成为科举考试的必考内容以及士林学子的必读书目。

随着《孟子》一书越来越受到人们的认可，孟子的影响也终于达到巅峰，被称为"亚圣"。

大事年表

约公元前 372 年	孟子生于邹，乃鲁国贵族孟孙氏的后裔。孟孙氏中的一支衰落后，迁居到邹，这一支就是孟子的祖先。
约前 357 年	孟子约 15 岁时受业于子思的门人。子思是孔子的孙子，据传是《中庸》的作者。
约前 329 年	孟子第一次前往齐国，并在稷下学宫讲学，未获齐威王重用。
前 326 年	孟子在宋国，与滕国世子即后来的滕文公相遇。
前 325 年	孟子离开宋国，回到邹国，并与邹穆公进行辩论，未获重用。
前 324 年	孟子在邹国，滕文公派人询问如何处理父亲的丧礼，孟子由邹国前往滕国，试图推行仁政，但最终失败。
前 323 年	楚军大破魏军，魏国危机重重，梁惠王为挽狂澜，四处招贤纳士。
前 320 年	孟子来到魏国，觐见梁惠王，与之讨论了义与利等问题，未获重用。此时，因齐威王已死，齐宣王立，孟子前往齐国。
前 312 年	孟子在齐国与淳于髡等人辩论，后离开齐国，最终回到邹国，著书育人。在离齐返邹之前，短暂游历了宋国、鲁国。
约前 289 年	孟子去世，享年 84 岁。
1330 年	元文宗在位期间，孟子被追封为"亚圣公"，地位仅次于孔子。

卢 梭

在西方的教育家中，卢梭是一个"异类"。他没有接受过正规的教育，没有像其他孩童那样拥有一个无忧无虑的童年。在没有母亲、父亲的生活里，他既是孤儿，又是流浪者。

30 岁之前的卢梭似乎没有任何未来可言。然而，30 岁后，令所有人惊讶的是，如同破茧而出的蝶，卢梭完成了他最美丽的蜕变，一跃成为那个时代最智慧的代言者。

这似乎就是历史的诡异之处。一个没有接受完整教育的人，却成了一个最为深刻的教育思考者，一个将教育理论叙说得如诗如画的人。

不幸的童年

1712 年 6 月 28 日,让·雅克·卢梭生于日内瓦,是家里的第二个孩子。卢梭的母亲是一位牧师的女儿,多才多艺,不仅擅长绘画、唱歌,还会弹琴、伴奏。他的父亲和母亲青梅竹马,感情一直很好。然而,意想不到的是,小卢梭的出生,却使这个本来温馨的小家庭悲喜交加——他那年轻的母亲因产后失调而死去。对此,成年后的卢梭悲痛地说道:我的出生是我无数不幸中的第一个不幸。

母亲离去后,他的父亲一直沉浸在失去爱人的悲痛中。父亲觉得在卢梭身上可以重新感受到妻子的音容笑貌,同时也不能忘记是卢梭害得他失去了妻子。每当父亲拥抱卢梭时,卢梭就感到他的抚爱中夹杂着一种辛酸的遗恨。

卢梭在日内瓦的家

有时伤痛之情难以控制时,父亲就会对卢梭说:"让·雅克,我们谈谈你妈妈吧。"卢梭已经习惯了父亲的悲伤,于是就只得说:"好吧,爸爸,我们又要哭一场了。"

卢梭的父亲善良但是脾气暴躁,他喜欢游历、喜欢冒险,尤其酷爱读小说。卢梭长到五六岁时,父亲便利用他母亲遗留下来的那些有趣的小说让他练习阅读。每天晚饭后,父亲便陪着他一起读,渐渐两个人都着了迷。每当一本书到手,他们不一口气读完就决不罢休,所以往往通宵达旦。后来,当卢梭回忆这段时光时,他这样说道:"有时,父亲在晨光熹微中听到醒来的燕群的鸣声,不免带有愧色地说:'让我们睡觉吧,我比你还更孩子气呢……'"正是这样日复一日地阅读,卢梭逐渐养成了读书的习惯。

由于这些书中讲了许多希腊和罗马的故事,所以随着父子交谈的增多,卢梭那爱自由、爱共和的思想以及倔强高傲和不肯受束缚受奴役的性格开始在这时形成。每逢读到一位古代英雄或伟人的故事,小卢梭就两眼放光,连声音也高昂了很多。有一天,一本书中讲到罗马英雄西伏拉被敌人逮捕后,手被放在火盆上烧,他竟然一声不响。读完这个故事,为表演英雄的行为,卢梭也把手放在火盆上,把在场的人都吓了一跳。

虽然读了很多书,但卢梭毕竟还是个孩子,好说话、嘴馋、撒谎,其他孩子拥有的顽皮,他一样不缺。一次,趁着邻居克罗特太太上教堂的时机,卢梭还在她家的锅里撒了一泡尿。

一次意外的变故,使卢梭与父亲分离开来。原来,他父亲跟一位法国陆军上尉发生了一场纠纷,最后被迫离开日内瓦。他一走,孤苦无依的小卢梭只好跟着舅舅生活。他的舅舅在日内瓦防御工事中任职,有一个和卢梭同岁的儿子。舅舅希望他们读书,便将他俩一起送到包塞,寄宿在朗拜尔西埃牧师家学习拉丁文以及被卢梭称为"乱七八糟"的科目。

▲卢梭的父亲伊萨克·卢梭是个钟表匠。他技术精湛,喜欢读书,这种嗜好无疑也遗传给了卢梭。

由于朗拜尔西埃先生的亲切以及乡村迷人的风光,卢梭很快喜欢上了这片土地。在这里,他尽情地游戏、热情地交友。因为没有谁对他粗暴地发脾气,自然是他最好的老师,他不再羡慕罗马的英雄,而是变得更加温柔、亲切、平和。五十余年后,当卢梭回忆起这段时光时,还是难以忘怀。因为这段经历,使他明白,自然的陶冶对一个儿童是多么的重要。

不过,这种生活在持续了两年后,又被粗暴地打断了。有一天,卢梭正在厨房隔壁的一间屋子里读书,女仆把朗拜尔西埃小姐的几把梳子放在沙石板上烤干。当她来取的时候,却发现一把梳子被谁弄坏了。因为当时就卢梭一

卢梭小时候寄宿在舅舅家里，他尽情地和伙伴们游戏，留下了童年美好的回忆，以至于他终生都难以忘怀。

个人在那里，她就质问卢梭，但卢梭否认动过那把梳子。后来，朗拜尔西埃先生和朗拜尔西埃小姐一起来询问卢梭，卢梭依旧否认；但他们认定是卢梭弄坏的，应该受罚。

一向腼腆、温顺的卢梭，这次却非常愤怒。尽管众人一再逼问，但是他就是不肯"认罪"，大人们气急败坏地称卢梭拥有"魔鬼般的倔强"，最终，卢梭胜利了！

然而，胜利后是极大的悲哀。面对自己曾经最尊敬、最敬爱的人们，这次却这样污蔑自己，卢梭的心灵受到了很大创伤。事后，他和自己亲近的表哥抱在一起，哭成一团，并且一直喊着"刽子手！刽子手！刽子手"。这次打击，卢梭终生没有忘记，他很伤心大人对自己的伤害，这种经历，使他后来极端厌恶大人对儿童的无端责备以及处罚行为。

此事发生后，卢梭那自由自在、无忧无虑的欢畅童年似乎到此结束了。虽然风景依旧，人也依旧，但是在卢梭眼里，风景不再宁静和淳朴，而变得荒凉阴郁；大人们不再值得尊敬，和他们相处只有疏离和腻烦。因为儿童的天真被腐蚀，所以当卢梭和小伙伴们做了坏事时，他们也不像以前那样感到羞愧，他们开始隐瞒、反驳、说谎。卢梭与朗拜尔西埃一家的关系渐行渐远，彼此都没有了热情，别人讨厌他，他也讨厌别人。后来，舅舅只好把他接了回去。

被人辱骂的小"无能"

卢梭13岁时，家人经过再三考虑，最终给他选择了一个最不称心的职业——把他送到本城法院书记官马斯隆那里，在他手下学习"承揽诉讼人"。依照舅舅的说法，那是一个很有用的职业，但是由于工作枯燥无聊且经常被像奴才一样听人驱使，所以卢梭讨厌透了这份工作。对卢梭，马斯隆也极为不满意，一次，他轻蔑地对卢梭说："你舅舅

硬说你会这个，会那个，其实你什么也不会。他答应给我送来一个能干的小伙子，哪知道送来的却是一头驴。"最终，以"无能"的罪名，卢梭被扫地出门。

几个月后，他找了一份使用锉刀的工作，在雕刻家杜康曼手下学做一个零件镂刻师。杜康曼是一个蛮横无礼、脾气粗暴的年轻人。成年后的卢梭回忆，就是在这位老师手下，自己成了一个真正的学徒，他丧失了温柔多情、天真活泼的性格，丢掉了儿童时代的一切光华，拉丁文和古典文学已经被抛诸脑后，他开始变得孤寂、沉默寡言。师傅的严苛，使他不敢轻易张嘴，每当吃饭时，还没到吃到三分之一，他就得悄然离开饭桌。

环境的变化，使得卢梭的行为发生了很大变化。他变得懒散、贪吃，甚至为了吃东西而偷窃。"你敢偷窃！"——师傅发现了他的劣迹，于是一顿好打。然而，暴力不但没有使卢梭回头是岸，反倒使他没有了心理负担。每次小偷小摸时，他就会安慰自己："结果会怎样呢？挨揍吗？管它呢！我生来就是挨揍。"卢梭后来在写自己的教育著作时，曾提到过这段经历，他伤感地叹道：孩子们犯了错，大人们不去追究原因，却希望通过处罚来教育他们。这是怎样的误区？试想，如果我当时生活在一个平等的环境中，我又哪里来的这些恶习？

幸运的是，毕竟卢梭童年时曾受过一段良好的教育，再加之少年对丢脸、坐牢、受罚、上绞刑架的恐惧，金子、钱币这些大东西他都不敢去碰，他的偷猎对象只是一些食物而已。

长期压抑的生活，使得卢梭觉得自己越来越低俗，他形容自己已经成了一个不顾审慎、恭敬、畏惧以及礼节的人，一个厚脸皮的胆大包天的人，一个毫无羞耻心的人。然而，连卢梭自己也不否认的是，每到夜深人静，独自相处时，他就感到一种深深的孤独、怯懦与羞耻。当偷也偷腻了，玩也玩烦了时，他开始想起了读书。

这次，他再次疯狂起来。不管好书坏

在卢梭13岁时，舅舅希望他能赚点生活费用，便将卢梭送往马斯隆先生那里当律师书记。但卢梭非常讨厌这种只为了赚钱而缺乏趣味的职业，当偷也偷腻了，玩也玩烦了时，他开始想起了读书。

书，他也不挑不捡，然后拿起来，就在干活的案子上读，在出去小事时读，蹲在厕所里读，以致读得头昏脑涨，读得视力下降。师傅看见了，打他，骂他，抢他的书，烧他的书，他还是一直读。没书了？那就脱下衬衫，卸下领带去换书。

就这样，夹杂着游戏、懒惰、自卑，又掺和着苦恼与彷徨的生活，一直维持到卢梭16岁那年。而就在这年，他的生命再起波澜。

由于每到星期天，卢梭便和他的伙伴们相约一同到城外去玩，且往往是乐而忘返，所以先后有两次被关在城外过夜，而受到师傅的严厉处罚。谁知，可怕的第三次又来了。那天，卢梭和两个伙伴一同回城，离城还有半里，已经听见预备关城门的号声响了。他拼命往前跑，没想到，守城卫兵却提前关了城门。迟了一步的卢梭，绝望地倒在了斜坡上，啃着草地。这一夜，满天星斗，分外光亮。望着星空，想到头顶的灿烂，再想想自己的冷寂，卢梭久久沉浸在孤独当中。夜晚逝去，晨曦微露之后，朋友们说笑着准备进城。这时，卢梭却告诉了一个令众人吃惊的消息：他不回去了！自此，他开始了历时13年的流浪生活。

16岁时，卢梭离城出走，他相信自己可以独立生活，自由地支配一切。离城出走后，卢梭经一位朋友的介绍，结识了华伦夫人。

华伦夫人的帮助

1728年，卢梭终于出走，这是他第一次在没有任何依靠的情况下流浪。他口中没有多少钱币，身上又没有多少技能。他走啊走啊，最后走到了日内瓦城。在城市中徘徊了些时日后，他住在一个熟悉的农人家里，并受到了热情的招待。

一天，闲来无事，他慕名拜访了德·彭维尔先生。这位热心的神父接待了他，并为他写了一封信，把他介绍给华伦夫人。

华伦夫人出身贵族，不久之前，刚得到国王的一笔资助住在安纳西。卢梭听到神父让自己去投奔一位善心的夫人，感到受了羞辱，因为再怎么穷，他还不愿意接受谁的施舍。但是，经过教父的一番劝说，想到能借此机会，可以游历一番，他最终还是答应了下来。

16岁的卢梭，虽然身材矮小，但是神态洒脱，容貌清秀，再加之在见华伦夫人之前，他倾尽全力写了一封自认为十分出彩的信。所以当华伦夫人见到年轻的卢梭后，立即对他有了好感。她热情地接待了卢梭，并和他共进午餐。这时，一个和他们一起吃饭的大胖子，为了能贪点小便宜，向华伦夫人提出了一个解决卢梭生计问题的办法。他劝卢梭到都灵去，说那里有一个教养院，卢梭在那里能找到一个适当的位置。

谁知在路上，大胖子夫妇要尽了一切手段，把华伦夫人给卢梭的钱都弄走了。一到都灵，卢梭就两手空空，钱和衣服都没了。

没有旅费，卢梭只能在城中流浪，为了衣食，他先后给人家当小伙计。在这些主顾中，有一位维尔塞里斯伯爵夫人。这位夫人中年寡居，非常富有文学才华，可惜的是，由于胸部长了一个肿瘤，所以她难以亲自写作。为此，她经常让卢梭替自己执笔。在这段时间，卢梭目睹了夫人在病痛中表现出来的坚毅，没过多久，夫人去世了。因为害怕卢梭觊觎夫人财产，所以夫人的亲属立即将卢梭扫地出门。

可是，就在他离开时，卢梭一失足成千古恨——他给自己惹上了令自己一辈子都感到难言的耻辱。

一天，趁着混乱，卢梭偷了一条已经用旧了的银色和玫瑰色相间的小丝带子。结果，被人当场拿赃。众人逼问他是从哪里拿的，他立刻慌了神，说是马丽永给的。马丽永是夫人家年轻的女厨师，不仅善良诚实，而且温和质朴，人们很难相信是她偷的。当马丽永被叫来对质时，卢梭依旧一口咬定。可怜的姑娘哭了，她只是对他说："唉！卢梭呀，我原以为你是个好人，你害得我好苦啊！我可不会像你这样。"因为当时家事混乱，所以没人有闲情对这件琐事追根问底。结果，夫人的亲属们一不做二不休，将两人一起辞退。

从此以后,卢梭没有一天不受到良心的谴责。这件事他从未向任何人坦白过,这种沉重的负担一直压在他的良心上。当卢梭晚年写《忏悔录》时,才把事情的经过和盘托出,以求能稍稍摆脱这种良心上的重负。

离开维尔塞里斯夫人家后的一天,夫人的侄子罗克伯爵派人来叫卢梭。伯爵赏识他的才干,给他找了一个工作,是到一个名门望族古丰伯爵家做事。卢梭在伯爵家里得到了每个人的重视,他的才华也屡次显露,大家都把他看成是一个最有出息的青年。然而,就在这时,卢梭却与一个叫巴克勒的小伙子相识,从此中断了在古丰神父家中的生活。

巴克勒活泼、风趣,卢梭很快与他建立了友谊。因为巴克勒准备回日内瓦,卢梭遂打算和他一起旅行。后来,卢梭在《忏悔录》中这样形容自己当时启程的心境:再见吧,都灵!再见吧,宫廷、野心、虚荣心!再见吧,爱情和美人!

卢梭与巴克勒一路游历,当到达安纳西城门口时,两人才最终分别。之后,卢梭便去了华伦夫人家里。在那里住了一段时间,因为他受不了誊写账目、抄写药方、挑选药草、捣碎药料、看管蒸馏器等工作,以及厌恶与来访的士兵、药剂师、教士、贵妇人、修道院的杂役打交道,所以他被华伦夫人送往一所神学院学习。在那个阴森森的地方,卢梭唯一的乐趣就是学音乐。幸而他在这方面的兴趣和天赋被华伦夫人发现,不久,他又被送到了一所音乐学院学习。一段时间后,卢梭开始和一些乐师相往来,并且也学着自己作曲。

喜欢游历的天性使卢梭不会长久地待在一处,只要有机会,他总想着四处走走。一次,为了护送一位牧师,卢梭趁机游览了里昂、巴黎等地,见了不少的世面。20岁左右时,他再次回到华伦夫人身边。自此,直到1742年为止,由于受华伦夫人的照顾,卢梭的生活相对

华伦夫人的嗓子轻柔动人,还会弹琴,她常教卢梭唱歌,熏陶、激发卢梭对音乐的兴趣。后来卢梭去神学院学习,华伦夫人送他音乐方面的书。卢梭在神学院除学习外,经常带着歌谱,练习歌唱。

比较稳定。

　　没有了漂泊、没有了流浪、没有了众人的嘲笑、没有了衣食的担忧,卢梭终于可以静下来整理整理自己思绪,也是在这段时间,他的性格开始成型,他的教育开始有了自己的系统。值得一提的是,这时的卢梭找到了一个比抄写员、杂役、仆人更体面的工——土地测量员。为了做好工作,卢梭自学数学,并取得了很大进步。此外,只要有闲暇时间,他便开始疯狂地阅读法国的书籍。他越来越喜欢法国,以致到了偏爱的程度。

↑卢梭在华伦夫人家居住的房子,在这段时间他感到非常满足和快活。

　　对卢梭以后的发展更重要的是,他还结识了一些新朋友,如年轻绅士孔济埃先生。他是萨瓦的绅士,为了学习音乐而找到了卢梭。他们兴趣相投,成了莫逆之交。孔济埃先生在文学和哲学上颇有见地。当时大文豪伏尔泰和普鲁士王太子的通信正名噪一时。他们常常谈起这两位著名人物,还一字不漏地把伏尔泰所发表的文章都读了。

　　因为恰好有很长一段时间,卢梭因生病,搬到了城外的乡村中,所以在一片田园风光中,伴着莺歌燕舞,卢梭如痴如醉地沉浸在书籍中,洛克、莱布尼茨、笛卡儿的哲学著作、当时时兴的科学著作,他都有所涉猎。通过这些书,他的思想被极大地扩展开来,正是这段时间的勤奋学习,为他以后思考教育问题以及社会问题奠定了坚实的基础。

　　当然,卢梭没有忘记自己喜欢的音乐。他向华伦夫人建议每月开一次小型音乐会,华伦夫人爽快地答应了。兴奋的卢梭不分昼夜,忙这忙那,一会儿挑选乐谱、邀请演奏者,一会儿找乐器、分配音部等。音乐会举行时,华伦夫人等人唱歌,而卢梭自己则担任指挥。

　　然而,愉快的生活往往夹杂着烦恼。因为种种缘故,卢梭和华伦夫人之间发生了不愉快。不得已,他只好暂时

世界大教育家成功故事

搬出华伦夫人家,另觅生计。

一位失败的教师

离开华伦夫人家之后,受人推荐,卢梭得到了一份家庭教师的职务,雇主是里昂的司法长官德·马布利先生。由于在此前,为了生计,卢梭曾接触过教师的工作,所以这次他可以说是信心十足地前往里昂。

马布利先生有两个儿子,大的八九岁,名叫圣马利,相貌清秀,聪明而又活泼,但也浮躁,贪玩,十分调皮;小的叫孔狄亚克,照卢梭的话说,他"外表像个傻瓜,干什么都粗枝大叶,像驴一般固执,学什么也学不会。"到达马布利家后,卢梭的责任就是教育好这两位小绅士。

开始时,卢梭还以为自己能够温柔地、耐心地对待他们,然而,当他真正进入角色后,他才发现自己太自信了。的确,有时,他很有老师的风度,大有诲人不倦的精神,然而,只要小霸王们稍稍闹将起来,"我就气得发狂,如果他们表现得不听话,我就恨不得把他们杀死。"时间越久,卢梭越耐不住性子,结果,似乎不但没有作出一点成绩,而且学生却反而变得越来"越坏"了。无奈之下,他只好轮番使用三种计策应付:第一种,感动他们;第二,跟他们讲理;第三,动怒、发脾气,训斥他们。可是,这些方法管用吗?晚年的卢梭回忆了这段尴尬:

"有时我劝圣马利劝得连我自己都感动得流下泪来,我想感动他,就好像孩子的心灵真能感动似的。有时我费尽精力同他讲道理,好像他真能听懂我那套理论似的,而且由于他有时也向我提出一些十分微妙的论据,我就真拿他当做一个明理的孩子,以为他非常善于推理。至于小孔狄亚克,那就更让我为难了。他什么也听不懂,问什么他也不回答,讲什么他也不动

自从离开华伦夫人以后,卢梭开始自谋生活,他先后当过家庭教师、书记员、秘书等职务。

心,任何时候都是那么顽固,而当我被他气得发火的时候,倒是他在我身上取得了最大的胜利。这时候贤明的老师是他,我却变成了小孩子。"

正如卢梭说的,他泪也流了、理也说了、脾气也发过了,但就是没有效果。后来,卢梭也明白了其中的缘故,知道了自己教学方法的缺陷,但是,他就是难以改进自己,难以找到与孩子们更合适的交流方法。这时,卢梭终于退缩了。

虽然里昂的这次教育经历,总体来说失败了,但是这次经历对卢梭却至关重要,因为他亲自犯了错,知道了错误的可怕性,以后,当他整理自己的教育思想时,里昂的教师经历遂成了他的前车之鉴。

↑ 卢梭

"单骑"走巴黎

离开里昂后,卢梭再次回到华伦夫人身边,但时过境迁的是,华伦夫人的经济状况越来越糟,乃至入不敷出。为此,卢梭替她焦虑万分。为了尽自己的一份力,卢梭想着如何帮着赚钱。这时,他觉得自己在音乐方面有些天赋,于是静下来苦心研究。不久,他发明一种新颖的简易记谱法。卢梭非常看重自己的这项发明,认为它堪称音乐史上的一次革命。因为这份自信,他准备到更广阔的天地去闯荡一番,去寻找自己的伯乐,进而成就功名。

1742年7月,卢梭带着他的乐谱方案来到了巴黎。这时他已经到而立之年了,从现在起,他就要进入另一种生活了。

卢梭把他辛辛苦苦发明的数字记谱法拿到学士院去做评定,然而学士院的人并不懂音乐,只是敷衍了事。经过几个月的努力,卢梭把他论文式的记谱法改写成了一部以公众为对象的作品,又托人找到了出版商,定名为《现代音乐论》出版了。但书的销路很差,他一文未得,还事先拿出了版税。卢梭耗尽心血,指望名利双收的梦想破灭了。

一天,卢梭去看正在上演的鲁瓦耶的一部歌剧,萌生了自己创作歌剧的念头。他本是一个推崇别人本领、对自己的才能缺乏信心的人,可他听了这部歌剧后,却认为它缺乏热情,毫无创意,甚至觉得自己完全可以创作出比它好的作品。

他决定独立创作一部歌剧,命名为《风流诗神》。卢梭满怀激情投入了第一幕的创作,也第一次尝到了作曲的快乐。但接下来发生的一件事又使他中断了这部歌剧的创作。

一个偶然的机会,卢梭认识了法国驻威尼斯的大使。大使让他做了秘书。卢梭兢兢业业,办事干练,深受大家的喜爱。但是,心胸狭窄又无能的大使却暗暗妒忌卢梭。最后,卢梭愤而辞去了秘书的职务,又搞起歌剧创作来。为了避免干扰,他住进了地处僻静的圣康坦旅馆。在这里,他认识了将来与他相伴终生的戴莱斯。戴莱斯是一个多情又质朴的姑娘,她也认为卢梭是一个正直的人。他们不久就心心相印了。

几个月后,卢梭的歌剧终于完成了。不过,要把这部歌剧推向社会,并不那么容易。他费了九牛二虎之力,请当时的"权威"拉摩先生来鉴赏。可是,这位权威却认定不是科班出身的卢梭不可能作出好曲子。这时,卢梭又被另一项工作拉过去了,就是参加修改他过去十分崇拜的大作家伏尔泰创作的歌剧《纳瓦尔公主》,准备在凡尔赛宫开音乐会时演出。可是,这项工作完成之后,又有人从中作梗,说他的曲子还得修改,而且要请教先前和他过不去的那位权威,受到如此对待,卢梭气得七窍生烟,一下子病倒了,整整6个星期出不了门。当歌剧演出时,音乐爱好者们都很满意卢梭谱写的部分。后来,卢梭得知他之所以遭到那位权威和他的保护人的憎

⤵伏尔泰18世纪法国启蒙运动的旗手、文学家、哲学家。他提倡卢梭所倡导的天赋人权,认为人生来就是自由和平等的,一切人都具有追求生存、追求幸福的权利,这种权利是天赋予的,不能被剥夺。

恨，是因为那个音乐圈子排斥外人。

为了摆脱困境，卢梭想出售剧本，但无人购买；他又设法排演，但却没有演出机会。卢梭只好放弃这方面的努力，转而给杜宾夫人和弗兰格耶先生做秘书，收入勉强维持一家人的生活。

在这一段生活中，卢梭又结识了一些后来影响他命运的人。有一位埃皮奈夫人和她的小姑子贝尔加尔德小姐，后者对卢梭进入文坛起了很大作用。他还和狄德罗、孔狄亚克保持着密切的联系，三人每星期都在王宫广场聚会一次，商定出一个期刊，定名为《笑骂者》，由卢梭和狄德罗执笔。为此他又认识了达朗贝，他们都在着手编《百科全书》，卢梭应约撰写音乐部分。后来《百科全书》工作因狄德罗被捕入狱而中断。卢梭同情狄德罗的不幸遭遇，为营救他而四处奔走。

世界大教育家成功故事

在巴黎期间，卢梭与德尼·狄德罗认识，并从 1749 年起参与《百科全书》的撰写。

一鸣惊人

1749 年夏天，特别炎热，到监狱有好几里路，卢梭手头拮据，只能步行去看望狄德罗。他随身带着一本书，以便走累了时消遣一下。有一天，他带了一本《法兰西信使》杂志，在路上边走边读，突然看到第戎学院的有奖征文公告，征文题目是《科学和艺术的进步是否有利于淳风化俗》。一看到这个题目，卢梭头脑中那些长期孕育的富有生气的思想潮水般地涌来，他兴奋到了极点，以致感到窒息，便倒在附近的一棵树下，在精神错乱的状态下度过了好一会儿，清醒之后才发现自己衣服的前襟已被泪水打湿了。

回去之后，卢梭就开始着手撰写征文。第一次写这样的论文,他颇费了一番周折。他的论文题为《论科学与艺术》。他从研究人类发展史着手,从人类的良知觉醒时期开始,分别叙述了东西方古老帝国及欧洲的兴起,论述了人类社会所经历的变化,从而得出了这样的结论:人生来平等而自由,自然是美好的,科学艺术的发展没有给人类带来好处,只是造成社会道德的堕落和种种罪恶。

写完之后,卢梭秘密地把它寄了出去,并没有抱多大希望。1750年,卢梭在平静而美满的生活中已经淡忘了自己写的那篇应征论文,突然听说中了头奖,这使得他简直有点不知所措了。科学院评论说,《论科学与艺术》论点新奇、论证有力、文笔优美,是一篇杰作。从此,卢梭的名声大振,很快成为法国文坛上风靡一时的著名人物,这也是他一生中的重大转折点。他感到自己童年时代被灌输的那种英雄主义与道德观念的原始酵母开始起作用了,从而觉得做一个自由的有道德的人,无视财富与物欲而傲然自得,才是最伟大、最美好的。从此,他决定改变自己的生活方式,放弃对财富和荣誉的追求,而献身于思想的自由创造。

任何事物都有两面,卢梭成名之后,荣誉来了,一些妒忌和流言也随之而来。为了避开都市的喧嚣,卢梭接受了他的朋友、也是亲戚缪沙尔的建议,搬到了离巴黎不远的一个叫做帕西的乡村,住在缪沙尔先生的家里。在缪沙尔先生的鼓励下,卢梭完成了歌剧《乡村卜师》。

1752年3月1日,《乡村卜师》正式公演。游乐总管大臣居利先生看过后要拿到宫廷去演,并请卢梭到场。演出取得了极大成功,美妙的音乐和动人的情节使听众如痴如醉,让卢梭感到了莫大的安慰。《乡村卜师》在宫廷成功演出后,奥蒙公爵当即派人通知卢梭第二天到离宫去觐见国王,来人还补充说,国王可能要赐他一份年金。

这本是一件令人高兴的事,但是那天晚上他怎么也睡不着觉。想到自己生性腼腆,在生人面前常常感到手足无措,见到国王就更紧张了。而且如果接受了年金,从此就只能阿谀逢迎,那真理、自由、勇气就全完了,所以他决定放弃国王的年金。经过深思熟虑,他以健康状况不佳为借口,当天早晨就一走了之。卢梭的这一决定,立刻在外界

引起强烈反响，遭到了普遍谴责。连狄德罗也认为他对年金的漠不关心态度是不能容忍的，并利用这件事来离间他和戴莱斯母女的关系，设法让她们离开卢梭。

1753年，第戎学院又公布了以《人类不平等的起源》为题的征文章程。卢梭对这个题目很感兴趣，因为它也正是卢梭想要探讨的问题，于是他又一次决定应征。

经过较长时间地思考和研究，卢梭完成了他的第二篇应征论文，题为《论人类不平等的起源和基础》。这篇论文，后来成为卢梭最重要的理论著作之一，就其思想的深度和影响来说，远远超过了第一篇论文，标志着卢梭思想的初步成熟。文章解剖了人类历史文明的过程，从经济和政治上挖掘出社会不平等的根源，雄辩地证明了文明社会的贫困、奴役和全部罪恶，都是建立在私有制之上的，所以说私有制是一切罪恶的根源，并且明确地指出，用暴力推翻罪恶的封建专制政权是合理的。

卢梭是18世纪法国大革命的思想先驱，启蒙运动最卓越的代表人物之一。

这样的理论，具有撼动封建统治根基的巨大力量。正是这些论述，为行将到来的资产阶级政治革命提供了理论依据，卢梭也正是靠他这些振聋发聩的理论而奠定了他作为当时最激进的启蒙思想家的地位。

伟大的教育著作

相比城市生活，卢梭更喜欢乡村，这不仅是由于他那向往自由的个性使然，更重要的是，童年以及青年的几次田园生活使他得到了一生中少有的宁静与舒适。对他来说，上流社会的觥筹交错和奢华富贵，与他的心灵太远，他留恋的终归是美丽的自然。

1756 年，受埃皮奈夫人等人的邀请，卢梭在巴黎郊外的退隐庐中隐居起来，继续从事创作。不久，他又受到与皇室有着亲密关系的卢森堡夫妇的邀请，前往他们的住宅。那里不仅环境优美，房间也极干净高雅。卢梭对着四周的林泉，听着各种鸟儿的叫声，闻着花的香气，开始着手写他的教育论著《爱弥儿》。

卢梭为什么会写一部有关教育的著作？这与他自身的切身体验密切相关。他自称，《爱弥儿》一共写了 3 年，而思考却花了足足 20 年，它是自己最重要的著作。联想到卢梭的经历，我们能体会到他的心情。

他刚出生就与母亲阴阳相隔，从小就没有了母爱。稍稍长大，又失去了父爱。小小年纪，他口袋空空地在街头流浪，饱尝人世间冷暖。少年时，又遭过手艺师傅的鞭打，上过无趣乏味的神学院。与同龄人相比，他的经历简直太丰富了：一个人走南闯北，寄人篱下；一个人承担着孤独和寂寞……

正是在丰富的经历中，卢梭目睹了当时的教育状况，感受到了当时的教育政策对学生的压抑：小学生们被"关闭在惨淡无光的名为学校的屋子里，偷偷地望着窗子外边，窥探等待放学的时候，才能偷偷摸摸地与同学谈几句话，或玩耍玩耍，凡儿童应有的活动和玩乐，都被完全剥夺了。"

他也认识到了当时人们头脑中一些可怕

1756 年，四十多岁的卢梭接受朋友的馈赠——一座环境优美的乡村小房子，开始了他的隐居生活。卢梭早已厌倦了城市生活，他的个性适合在乡下居住。

的教育思想，他们"强使一种土地滋生另一种土地上的东西，强使一种树木结出另一种树木的果实；他将气候、风雨、季节搞得混乱不清。"他厌恶地指出，没有人尊重儿童、尊重他们的生长规律，那些大人们"把人像练马场的马那样加以训练；把人像花园中的树木那样，照他喜爱的样子弄得歪歪扭扭。"

因为不喜欢当时的教育方法，卢梭开始琢磨自己的教育思想，他想象着能有一种这样的方法，"不管人们出生在什么地方，都能够采用我提出的方法"。而他的教育理想说来也简单：让大人成为大人，让儿童成为儿童，尊重孩子自然的成长规律。

就这样，《爱弥儿》诞生了！

在《爱弥儿》中，卢梭自己出马，他把自己想象成一个老师，然后塑造了一个名叫爱弥儿的孤儿。卢梭的老师角色很特别，因为他不但是爱弥儿唯一的老师，而且还是他的终身老师。短短的开场白后，当爱弥儿刚一降生，卢梭就抱起了他，开始抚养他、教育他，以后，随着爱弥儿逐渐长大，卢梭就像一个记录者那样，将爱弥儿的成长过程、成长特征，以及自己的教育方法娓娓道来。读完整本书，读者就会看到爱弥儿就像卢梭的孩子，他一步步展示了爱弥儿的教育成长轨迹。

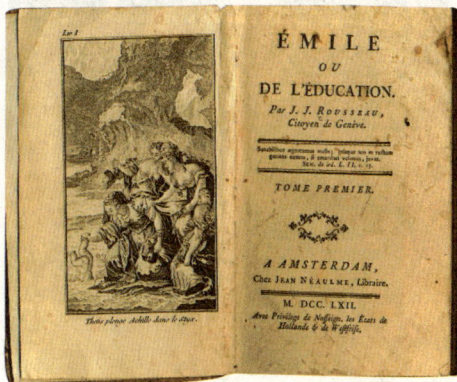

《爱弥儿》

爱弥儿成长历险记

《爱弥儿》一书，其实就是爱弥儿的教育历险记。

当爱弥儿在0~2岁期间，卢梭最重要的任务是养护好他的身体，使他得到充分地锻炼。因为没有母亲，卢梭给他雇佣了一位保姆。但是，卢梭强调，有母亲的孩子，一定要母亲自己哺育孩子，不能由保姆代劳，因为只有这样，才会有亲密的母子感情。

在当时的欧洲，为了好照看婴儿，大人们就会紧紧地将婴儿包裹在襁褓中，为的就是怕他动来动去。对这种做

《爱弥儿》卷首

法，卢梭很厌恶，他认为"当婴儿脱离衣胞，开始呼吸时，就不要把他裹在比衣胞还包得紧的襁褓里了。不要给他戴什么帽子，不要给他系什么带子，也不要给他包什么襁褓"。按照自己的方法，卢梭给小爱弥儿穿上肥大的衣服，让他的四肢能够既不沉重到妨害他的活动，也不暖和到使他感觉不出空气的作用。把他放在一个垫得好好的摇篮里，让他在里面没有危险地随意活动。后来，当爱弥儿学会爬时，卢梭就让他在屋子里爬来爬去，运动他小小的四肢。

与其他小孩子一样，爱弥儿也会哭，会耍脾气，对此，卢梭认为应区别看待。他觉得，不要小孩子一哭，大人就投降，不要一味地溺爱孩子，应该逐渐地理解他、锻炼他。

时光荏苒，一晃儿，爱弥儿就两岁多了，这时，直到他长到 12 岁为止，卢梭又针对性地为他设计了一套与之前不同的教育方法。在当时，如果孩子长到这个年龄，一般都会教他们读书，但卢梭却不这样教爱弥儿，他想在这段时期，主要训练爱弥儿的感官，让他的听觉、味觉、嗅觉、触觉、视觉等好好锻炼一下：让他在制图、写生、绘图中锻炼视觉，在练习唱歌，注意发音、在有节奏、有旋律的声音中锻炼听觉，给他提供简单、自然的食物，训练他的味觉。

一次，卢梭准备锻炼爱弥儿用眼睛观察的能力。他先告诉爱弥儿，我给你和你的同伴们划定一条长短相等的线路，谁能最快跑到终点，我就给谁一块点心。因为在这个过程中，卢梭创造各种条件让爱弥儿赢，所以他的积极性很高。过了一段时间，卢梭专门指定了几条长短不同的线路，还是邀请爱弥儿和他的同伴们赛跑。这次，卢梭专门让爱弥儿先挑线路，爱弥儿很高兴，但他却没有发现哪条长哪条短，只顾着捡最平坦的一条，结果可想而知，他名落孙山。这样反复进行了几次后，爱弥儿终于恍然大悟。他很气愤，竟责备卢梭，说他欺骗自己。看见鱼儿已经上钩，

卢梭就对他说："你有什么可抱怨的呢？我向你说过要把路线划得一样吗？难道你不知道挑选？你挑最短的路跑，我也不禁止你呀。你为什么不用眼睛仔细观察？"一番话，爱弥儿明白了，但是他还是没想到用眼睛去衡量距离，而是用他的小脚衡量，可想而知，太慢了。最终，经过多次试验，爱弥儿学会了用眼力去测量距离。

经过卢梭细心地抚育，爱弥儿的个头噌噌直冒。因为先前重视感官训练和体育锻炼的缘故，等爱弥儿长到12岁的时候，俨然是一个身强体壮的少年。精力的旺盛和健康的身体使他很好动，并且对周围的世界充满了好奇，每每遇到新鲜事物，他就会问卢梭，这是为什么。卢梭早就知道他的心理会发生这种变化，但就是不正面回答他，他想，现在应该到了发展爱弥儿智力的时候了，我应该引导他，而不是直接将知识灌输给他。

一天，卢梭和爱弥儿在观察蒙莫朗锡镇北的森林的位置，这时，爱弥儿突然问卢梭："这有什么用处？""你问得对，"卢梭说，"有工夫时再想一想，如果发现这件事情没有用处的话，我们就不继续钻研下去了，因为我们并不是没有其他好玩的事可干的。"之后，他们二人就将这一问题抛诸脑后。

第二天早晨，卢梭约爱弥儿在午饭前去散步，爱弥儿很高兴地答应了。当他们进入森林绕了一圈后，卢梭却假装说自己迷了路。因为个子小，爱弥儿根本看不到再穿过一个小丛林，他们的镇子就到了。于是，他也急了起来。

卢梭假装着急地问爱弥儿："亲爱的爱弥儿，我们怎样才能走出去？"

爱弥儿满身大汗，眼泪直流："我不知道，我累，我饿，我再也跑不动了。"

卢梭说："现在是12点，昨天，我们正是这个时间从蒙莫朗锡镇观察过这个森林的位置。我们是不是也可以从这个森林找一下蒙莫朗锡镇的位置呢？"

爱弥儿："可以。不过，我们昨天能看见森林，但现在却看不见蒙莫朗锡镇。"

卢梭以他的《爱弥儿：论教育》在教育领域掀起了一场哥白尼式的革命。教育从来是以成人的能力和需要为标准的，卢梭却大声疾呼，要打破这个传统。图为卢梭所著《爱弥儿》插图。

《爱弥儿》插图

卢梭："如果我们看不见它也能找到它的位置就好了！"

爱弥儿："什么？"

卢梭："我们不是说过森林……"

爱弥儿："在蒙莫朗锡镇的北边。"

卢梭："可见蒙莫朗锡镇应该在……"

爱弥儿："森林的南边。"

卢梭："我们有一个在中午找到北方的办法。"

爱弥儿："不错，看阴影的方向。"

卢梭："可是南方呢？"

爱弥儿："怎么办？"

卢梭："南方和北方是相反的。"

爱弥儿："是了，只要找到阴影的反方向就行了。啊！这边是南！这边是南！蒙莫朗锡镇准是在这边，我们朝这个方向去找。"

过了一会儿，镇子终于露了出来。

爱弥儿高兴得叫了起来："啊！我看见蒙莫朗锡了！快跑，天文学有时候也真有点用处呀。"

除了不断启发爱弥儿，卢梭还让他参加劳动，在劳动中教育他。一晃儿又是几年。一天，当爱弥儿说话时，卢梭才忽然发现，他的声音发生了变化，再仔细瞧瞧他，不知什么时候，他的嘴边已经长出了淡淡的胡子。卢梭知道了，他的爱弥儿到了青春期，一个暴风雨频发的季节要来了。

很快，卢梭越来越感觉到爱弥儿与众不同了。他的性情发生了变化，易愤怒、易激动、易忧伤，他不再是一个守规矩的孩子，也不再总是乖乖地服从。"他成了一头发狂的狮子，他不相信他的向导，他再也不愿意受人的管束了。"卢梭评价爱弥儿。

卢梭明白，他必须再次改变他的教育方法了。此后，他非常注意对爱弥儿进行道德教育，培养他的怜悯心以及善良的品德。因为此时的爱弥儿已经成半个大人了，所以

他也就需要认识这个世界、认识他周围的人。为此，卢梭鼓励爱弥儿去读历史书，在畅游历史的同时，增长知识。不过，卢梭对爱弥儿说得很明确，"你不能因为羡慕哪个历史人物，就准备去做那个人，哪怕他是苏格拉底，你也不能。因为一个人只要开始把自己想象为另外一个人，不久以后就会完全忘掉他自己。你应该做你自己，找到你自己真正的路。"

事实上，当爱弥儿进入青春期后，卢梭发现了更棘手的问题——爱弥儿一见到女孩子就害羞，他已经开始爱慕异性。对此，卢梭并没有采用严厉的方式责备爱弥儿，用说教去教育他，阻止他这种自然欲望，而是采用了种种更灵活的方法开导他、转移他的注意力，教他学会自己节制自己。

转眼间，爱弥儿已经20出头了，随着越来越成熟，他对爱情的渴望也越来越强烈。为了应付这种状况，卢梭又替他假想了一位他未来的爱人，并给她取了一个吉祥的名字"苏菲"。苏菲并不是一个十全十美的女子，但她却与爱弥儿很合适。自从有了"苏菲"的形象，卢梭就教育爱弥儿要学会抵制不良诱惑。通过这种方式，爱弥儿被卢梭带入了社会，在了解社会的同时，寻找他心中的"苏菲"。

趁着介绍苏菲的环节，卢梭谈起了自己有关子女教育的话题。后来，经过很多困难，爱弥儿终于找到了自己的"苏菲"。可是，当他们准备结婚时，卢梭却出面阻拦。卢梭认为，这时结婚尚早，爱弥儿应该去欧洲游历一圈，去看看各国的民俗风情、看看各国的社会制度，然后了解如何做好一位公民。

这样又是几年的时光，当爱弥儿风尘仆仆从欧洲回来后，他的教育历险记也逐渐进入了尾声。他与"苏菲"结了婚，不久，"苏菲"也有了身孕，一个新的生命即将出世。如何教育自己的孩子呢？爱弥儿的一次新的教育历险记开始了。

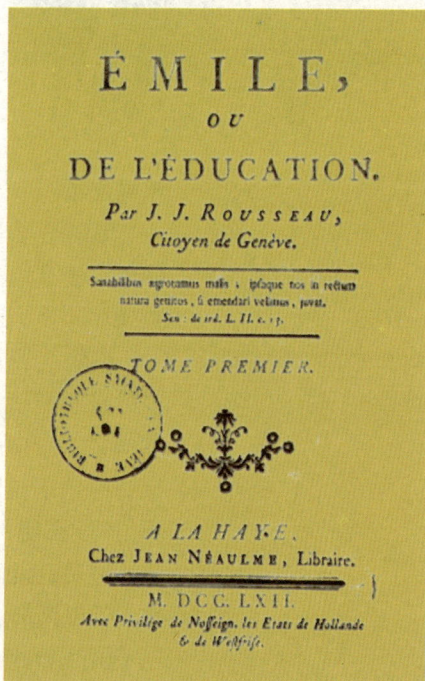
《爱弥儿》

将卢梭"烧死"

《爱弥儿》写好后，卢梭将它交给了出版商。过了很长一段时间，按理，成书应该早就印刷出来了，但事实上却没有。后来，卢梭四下打听，才知道《爱弥儿》停止了印刷。这一下，卢梭陷入了疑惑当中。恰在这时，他听说当时一位有名的神父提到了《爱弥儿》，并且很生气地做了批评。卢梭坐不住了，他愤怒了。

为什么一部教育著作，迟迟不得出版，还会遭到宗教人士的批评？原来，在《爱弥儿》中，卢梭批评了由教士们管理的公立学校那种呆板的教育方法。不仅如此，他还提出，不需要教会、教士，人们就能凭借自己的信仰接近上帝。对基督教的《圣经》，卢梭也没放过，他认为其中有不少不合情理的地方。

可想而知，当那些守旧的僧侣们以及封建的卫道士们看到《爱弥儿》时怎样气愤。但是，对此，卢梭却并不理解，他认为自己没错，《爱弥儿》在各方面都太合规定了。

舆论界把卢梭看成了罪犯，最高法院判决将《爱弥儿》焚毁，并立即发出逮捕令，要将卢梭打入监牢。

事情似乎将出现转机。1762 年，《爱弥儿》最终出版。可令卢梭难堪的是，出版没有带来喜悦，相反，一场更猛烈的风暴即将来临。

卢梭在朋友看完了《爱弥儿》后给自己的回信中，看出了风暴的端倪。有的朋友来信说，这部作品奠定了卢梭在全体文学家中的领袖地位，但他们在信的末尾却不署名；有的则是东拉西扯，就是不谈书的主题。朋友们的明哲保身与惶恐，使卢梭越来越不安。

之后，舆论的火药味也急剧变浓。在众多的谣言中，有人听说议员们公开声称，光烧书没有用，一定要烧死作者。

虽然如此，但卢梭始终坚持没错，他照样散步，他的生

活规律一点没变。然而,事情的发展超出了他的预料。

风暴终于登陆了!

同年 6 月,巴黎大主教出面干涉《爱弥儿》的发行,并发出禁令要人们不读此书。不久,巴黎高等法院命令烧毁此书,并逮捕卢梭。

这一下,全欧洲都开始咒骂卢梭了,就连平日里温和、有礼貌、绅士的英国人,也对他开始了辱骂。他成了一个反教分子、一个无神论者了,一个狂人、一个疯子、一头猛兽、一只豺狼了。

孤苦的末日

听到要逮捕自己的消息后,卢梭立即逃到了日内瓦。可刚到日内瓦,却适逢当局也下了焚烧《爱弥儿》和逮捕卢梭的命令。无奈之下,卢梭又马不停蹄,翻山越岭,到达了普鲁士治下的讷沙泰尔。

1763 年,卢梭和戴莱斯在讷沙泰尔的莫蒂埃暂时定居下来。在莫蒂埃最初的一段生活比较惬意,但时间一久,难免要为生活来源担忧。除了写作之外,又找不到任何挣钱的办法,在这种情况下,卢梭又不得不"重操旧业",再次拿起笔来写作。

《忏悔录》是卢梭一生经历的缩影,是他心血的结晶。在《忏悔录》中,卢梭向世人展露了自己最真实的一面。图为《忏悔录》中的插图。

此时,卢梭打算集中精力撰写一部自己的回忆录,这就是后来的《忏悔录》。在这期间,卢梭的生活比较平静,但也只是相对而言。实际上,在逃亡过程中的卢梭仍在不断受到攻击和迫害,卢梭也从未在这些攻击和迫害面前屈服过。他一有机会就拿起笔来,为自己的过去、现在和将来进行辩解或反驳,但结果往往招致更大的迫害。

在莫蒂埃,卢梭还和巴黎大主教进行着激烈的辩论,受到了普遍关注。大主教说卢梭在他的书中宣扬的是假道学,说他是一个自以为学识丰富而误入歧途的人;一个在思想和行为上充满矛盾的人;一个用复杂的思想来曲解道德的人；一个自称热爱圣典但一味地标新立异的人；一个自吹热爱隐居而又借此吸引他人注意的人；一个泯灭读者道德观念的人；一个主张人类社会平等又想将人类贬低到禽兽的地步的人。更严重的是，教皇还指控卢梭散布色情，斥责《爱弥儿》建立在无神论的思想基础上。

对于这些指责，卢梭坚决加以反驳。他在十分困难的情况下发表了《致毕蒙主教书》。这本书出版后，卢梭又受到了激烈地批评，日内瓦人的攻击尤为猛烈。失望之下，卢梭随即放弃了日内瓦的公民权。

这之后，人们受到教士的挑唆，更加地仇视卢梭。他们不断骚扰卢梭，还把石头扔进他家。这样，卢梭只能再次搬家，搬到了圣皮埃尔岛。卢梭觉得在这个岛上居住十分理想，可以与世隔绝，让自己更能陶醉于闲散与沉思生活的甜美之中。但好景不长，卢梭在岛上只住了两个月，伯尔尼议会就下达命令，要他搬出这个岛并离开他们的辖境。

在辗转多个城市后，卢梭于 1766 年 1 月来到英国伦敦，住到了著名哲学家休谟先生家里。卢梭和休谟早就互相敬慕，但相处在一起时却很少有共同语言。卢梭后来还发现，休谟和自己在法国的那些敌人有交往，本来就多疑敏感的卢梭，把休谟看成了阴谋反对自己的代理人之一。这是因为经过多年的颠沛流离，接连不断地受到攻击和敌视，卢梭精神上受到极大地摧残，以致疑心极强，仿佛周围的一切人都想迫害他。

晚年的卢梭

不久，卢梭离开了伦敦，迁往英国另一个城市伍顿。在那里，他继续写作《忏悔录》，到当年年底完成了第一章到第五章的前半部分。这时外界传闻有人想策划焚毁这本书，卢梭非常担心，便想离开英国到别的地方居住，尤想回到欧洲大陆。戴莱斯表示赞同，因为她的母亲已经去世，需要她回去料理后事。卢梭要返回本土的消息在欧洲传开以后，不少人给他写信，表示愿意提供住处，这使卢梭深受感动。1767 年初，卢梭整理行李，将多余的书都变卖后，于 5 月份潜回法国，并隐居起来，从而结束了流亡生活。

回到法国的第一年,他继续写作《忏悔录》。《忏悔录》是卢梭晚年的重要著作,是一部最具有个性特点的自传,它记述了卢梭从出生到 1766 年被迫离开圣皮埃尔岛之间五十多年的生活经历。它不仅是卢梭的生活的历史,也是他对这种生活进行思考的历程,是他的情感和思想发展的历史。这部极富思想性和艺术性的作品,被后来的人看做是一首抒情的诗,一首世界文学中优美的诗。

1770 年春,卢梭决定迁往巴黎,这一年他已被法国当局赦免,可以自由选择居住地了。他每天都在巴黎近郊作长时间的漫步和遐想,从 1776 年春持续到 1778 年春,整整两年,他把这些遐想记录下来,共有 10 篇,后来被汇集成书,在 1782 年以《漫步遐想录》之名出版,也有的版本题作《一个孤独者漫步的遐想》。

1778 年 7 月 2 日,卢梭还是按照老习惯一清早就外出采集植物标本,但这次因为脚痛很快就回家了。戴莱斯回到家时,听见卢梭呻吟说:"我感到胸口一阵阵的疼痛,大脑也像被敲打似的。"这时是早晨,外面天气晴朗,卢梭说他想看看美丽的阳光,戴莱斯便扶他到窗前,只听他说道:"全能的主啊!天气如此晴朗,没有一片云,上帝在等着我了。"这句话说完不久,卢梭便与世长辞。

第二天,人们纷纷来到埃尔姆农维尔,瞻仰卢梭的遗容。随后,他被安葬在波拉斯岛上,这是他生前向往的地方。法国大革命后,1794 年 4 月 15 日,法国革命政府迁葬卢梭灵柩于巴黎先贤祠。在举行迁葬仪式时,仰慕卢梭的群众不约而同地汇集起来,他们手中高举着写有各种文字的牌子,其中,一位母亲高举的牌子上写着:"他使母亲们认识到了她们的责任,并使儿童们得到了幸福。"面对历史上一位著名的教育家,这位母亲表达了她对卢梭最高的礼赞。

卢梭在临死前让戴莱斯为自己打开窗户,在看到阳光后,他欣然闭上了双眼,离开了人世。

大事年表

1712 年	让·雅克·卢梭诞生于日内瓦。母亲几天后死于产后失调。
1722 年	父亲和人发生纠纷,逃离家园。由舅父将其送到日内瓦附近的一位牧师处,学习古典语文、绘图、数学。
1725 年	到雕刻匠家做学徒,三年后出逃。
1728 年	投奔安纳西的华伦夫人。得到华伦夫人资助,前往意大利都灵的教养院。
1736 年	患了一场大病,养病期间接触到洛克、莱布尼茨、笛卡儿等人的著作。
1740 年	在里昂的贵族官员马布利家担任家庭教师。
1742 年	卢梭携带着"新记谱法"去巴黎,结识狄德罗,开始进入巴黎启蒙人物的圈子。
1744 年	完成歌剧《风流诗神》,他的音乐才能开始引起巴黎音乐界的注意。在这一年结识戴莱斯并与之同居,直到 1768 年,二人才正式结婚。
1749 年	为狄德罗等人筹备的《百科全书》撰写音乐方面的条目。
1750 年	应征论文《论科学与艺术》得奖。
1755 年	落选论文《论人类不平等的起源和基础》出版于阿姆斯特丹。
1762 年	《爱弥儿》出版于阿姆斯特丹和巴黎。同年 6 月,巴黎高等法院发出对《爱弥儿》的禁令,要求逮捕卢梭。不久,卢梭从巴黎出逃。先后到过日内瓦、普鲁士、英国等国家。
1763 年	发表《致毕蒙主教书》,公开责问教会,抗议对他的迫害。
1767 年	潜回到法国,更名换姓隐居起来。
1778 年	病逝,享年 66 岁,后葬于埃尔姆农维尔附近波拉斯岛上。
1794 年	迁葬于巴黎先贤祠。

裴斯泰洛齐

裴斯泰洛齐是18世纪瑞士著名的教育家。因为幼年失去父亲，他从小就在孤苦、贫穷的环境中长大。因为环境的影响，他深知农村的贫困与孤儿的悲酸。为了改变这种状况，他凭一己之力，创办试验农场、孤儿院以及学校，试图救人于水火之中。

裴斯泰洛齐的学生既有农民、又有流浪儿；既有本国学生，又有留学生；既有"瑞士"、又有"法国"……直到耄耋之年，他还向往着自己能像天鹅般引吭歌唱，乘风飞翔。"春蚕到死丝方尽，蜡炬成灰泪始干"，裴斯泰洛齐当之无愧。

少年立志

1746 年，裴斯泰洛齐出生于瑞士苏黎世的一个医生家庭。虽然家里并不富裕，但是温馨的环境还是让小小的裴斯泰洛齐享受到了应有的温暖。然而，就在 5 岁那年，厄运的阴霾却突然笼罩在了他家的上空。

这一年，善良的父亲去世了。由于他生平不事积蓄，所以当他撒手西归时，裴斯泰洛齐母子立即陷入了困顿中，他们只能和一位乡下的女仆相依为命。

幸而，他的母亲是坚强的，他家的女仆忠诚且聪慧。尤其值得一提的是这位女仆，她来自乡下，质朴、爽朗的性格，使她成为裴斯泰洛齐家的一缕阳光，温暖了身在苦难中的主人们的心。

为了节省花费，母亲和女仆常常一分钱当两分钱来花，在她们的意识里，没有浪费，只有俭朴再俭朴。在之后的经济困难当中，正是因为有了这两位平凡但又不凡的女性，裴斯泰洛齐才没有像其他失去父亲的孩子那样流落街头，以乞讨为生。但是，童年时家庭的影响，对裴斯泰洛齐性格的形成，毕竟是刻骨铭心的，因为一方面，在幼小的心灵中，他已经对"贫穷"二字有了最直观的认识。他的眼光将注定注视着"贫穷"。另一方面，小家子洋溢的"爱"是那些富庶之家的公子哥们所不容易体会到的，但是裴斯泰洛齐却得到了，这是他不幸中的大幸。在裴斯泰洛齐的成长历程中，正是童年所得到的点滴的爱，逐渐发

像许许多多普通的小孩子一样，小裴斯泰洛齐家虽不富裕，但善良的父亲在世时，他还是享受了家庭的温暖。

展成了他对所有儿童的大爱。

对童年裴斯泰洛齐的成长具有深刻影响的还有祖父。祖父是一位牧师，常常奔走各地救助穷人。为了能照顾裴斯泰洛齐，他也常带着他一起去。这种经历，使裴斯泰洛齐"大开眼界"，他清清楚楚地看到了一个被大多数人忽略的农民世界：一下雨就雨脚如麻的破房子，穿的比自己更烂的儿童，一张张饥渴的嘴，一双双因贫苦和无知而形成的呆滞的眼睛……每次与祖父从贫苦的地方回来，小小的裴斯泰洛齐就对贫穷的认识加深了一次。

裴斯泰洛齐生活的18世纪，是瑞士历史上一个特殊的时代。受欧洲其他国家的影响，此时的瑞士，也逐渐发展起了工厂。对那些富人来说，这自然是一件喜事，因为他们可以通过开办工厂，生产更多的产品，攒肥自己的腰包。但是，对大多数人来说，尤其是那些曾经凭借小手艺混口饭吃的人，无疑是场灾难。因为他们生产的产品无论在质量上还是数量上，都难以与工厂相比较。于是，以手工业为生计的家庭开始大量破产。为了弥补损失，贴补家用，许多儿童被迫提前开始做工赚钱，本来应在学校度过的童年，却不得不在嘈杂的纺织机声中度过。相比城市，农村的情况就更糟。

⬛裴斯泰洛齐被祖父带去访问附近人家。在那里，他看到穷人处于贫困与堕落之中，还看到富人有权有势，其子女有学可上的情景。使他对贫穷的认识加深了。

9岁那年，裴斯泰洛齐进入了使用德语的初等学校。瑞士当时的教育情况很差，且不说初等学校因为没有国家的支持而普遍缺少，就是某地有那么一所学校，因为办学困难，教师也往往由一些手工业者兼职。由于学校条件很差，教师的宿舍就成了教室，在这种教育环境中，学生根本学不到什么新知识，总是死记硬背一些宗教课文。就在这一年，一场大灾难——大地震袭击了瑞士。震后余生，裴斯泰洛齐一家喜极而泣。可当年幼的裴斯泰洛齐走到街头时，他胸中的悲哀就难以言表：有的同学家破人亡，有的同学则干脆上街乞讨。大地震无疑给穷人的伤口上狠狠

裴斯泰洛齐的母亲巴贝丽为了孩子的成长，起早贪黑，勤俭持家，受尽了艰难。

地撒了一把盐，震后的情景，使裴斯泰洛齐受到很大震动，以致终身难忘。

初等学校毕业后，裴斯泰洛齐又相继进入了中等学校和一所学院。17岁这年，因为青春期的躁动，裴斯泰洛齐开始"贪婪"地求知，他的思想也越来越不"安分"。他厌恶当时的教育方式，厌恶那些欺凌穷人的恶霸。他想不通，为何这个世界会有贫富之分，为何有的人可以钟鸣鼎食，有的却只能喝西北风。一次偶然的机会，他发现了一本书，当如饥似渴地读完这本书后，裴斯泰洛齐大舒一口气，似乎多日的郁结此时才得以疏散。他的一个同学好奇地看了看书的封面，原来是《论人类不平等的起源和基础》，作者让·雅克·卢梭。如同找到了自己的引路人，凡是卢梭的书，裴斯泰洛齐都设法找来看。后来，他又相继阅读了《社会契约论》《爱弥儿》等。

毫不夸张地说，前一本书影响了裴斯泰洛齐的青年时期，而后一本书，则伴随了他一生的教育之路。

《社会契约论》中对建设一个新社会、一个民主社会的诱人描绘，使得裴斯泰洛齐为穷苦人"打抱不平"的心理，开始演变成实际行动。还在上大学时，他就参加了一个青年学生组织——"'爱国者'协会"，该协会要求政府进行民主改革并不断抨击时政。1767年，协会被当局取缔，裴斯泰洛齐也被短期拘留，获得释放以后，他并没有继续在大学求学，他已经想好自己要走的路，什么路呢？很多年后，裴斯泰洛齐回忆当时的心境，说道："年轻时代起，我的心就像一条奔腾的激流那样，孤独而寂寞地向着我唯一的目标前进——消除苦难的根源。正是从那里我看到了人们正在沉沦。"可是，如何消除苦难的根源呢？裴斯泰洛齐的答案是通过教育。

新庄——贫民的救星

裴斯泰洛齐苦苦思考了农民贫困的根源，他认为，农民之所以总是食不果腹、衣不蔽体，与他们落后的耕作方式有关。于是，他开始打算先来教育农民，向他们传授较先进的农业生产方式。

打定主意后，1769 年，裴斯泰洛齐在家乡办了涅伊果夫(意思是新农庄，简称"新庄")试验场，希望为农民进行农业示范工作。由于"新庄"的土质很差，再加之经费欠缺，所以试验工作进行得十分艰难。

不过，令裴斯泰洛齐心情稍感愉悦的是，他已经找到自己生命的另一半——安娜，虽然安娜的家庭经济状况要比裴斯泰洛齐这个穷小子好得多，但是她显然看中了这个穷小子的志气和理想，她愿意与他一起披荆斩棘。

面对眼前的这位好姑娘，裴斯泰洛齐在感谢上帝的同时，又不免为她担忧，因为他太了解自己，他会为了自己的理想而奋斗，他也可能会因此而冷落家庭。思前想后，裴斯泰洛齐决定应该在结婚前表白自己的心迹，以免安娜到时后悔。于是，他给她写了一封信，信上说："关于结婚，亲爱的，我不能不告诉你，我认为对自己爱妻的义务，不会比对祖国的义务更重要。无论我对妻子如何温柔关怀，假如她流着泪要阻碍我完成国民义务的话——即使发生任何结果——我也不会为她的眼泪所困惑，我认为只有这样才能完成自己的义务……如果为了祖国的利益，需要我发表言论，我绝对不会恐惧、畏缩，只要对祖国有益，我不会顾虑自己的生命、妻子的眼泪、孩子的呼喊！"

写信时"踌躇满志"，但裴斯泰洛齐在等回复时却难熬得惴惴不安。令他感激的是，安娜欣赏的就是他心怀大爱与义无反顾的精神，她已经准备好了与他荣辱与共。

❤安娜

☀ 裴斯泰洛齐

1769年，一对志同道合的夫妻走进了婚姻殿堂。不久，他们便生了一个孩子。因为卢梭的《爱弥儿》主张从婴儿期开始对孩子进行教育，所以，裴斯泰洛齐按照《爱弥儿》中的教育思想，教育时注重孩子的身心发展。当孩子长到3岁时，为了更细致地观察小孩的成长，裴斯泰洛齐在忙完新庄的活计后，又记录了一本《教育3岁儿子的日记》。

教育孩子、筹办新庄，裴斯泰洛齐夫妇俩有苦有乐。但是，时间越长，新庄的经费就越是捉襟见肘。到了1773年，因为确实已经山穷水尽，所以新农庄试验不得不以失败告终。

孤儿的父亲

"新庄"试验的失败，不仅使裴斯泰洛齐一家债台高筑，而且使他们夫妇陷入了深深的苦恼当中。但是，苦恼归苦恼，裴斯泰洛齐的精神并没有就此垮下去，当然，他通过教育救助穷人的理想更没有丝毫动摇。

经过一段时间的努力，走出新庄失败的阴影后，1774年，裴斯泰洛齐又在新庄原有的地方，办起了一所"孤儿院"，专门收养孤儿和流浪儿。

在裴斯泰洛齐看来，孩子是新社会的"苗子"，只有通过教育他们，社会才会出现新的气象。而最好的教育，无疑是与劳动结合起来，通过劳动，而不是纯文字，孩子会从看、听、触摸等活动中，获得更加直观的知识，只有这样的知识才是最深刻的。

另外，也是很重要的一点，通过劳动，裴斯泰洛齐希望教会孩子们一技之长，既可以让他们自力更生、丰衣足食，也可以使他们在离开孤儿院后，不再四处乞讨，不再去吃嗟来之食，真正自立自强。

说干就干，面对陆陆续续召来的五十多名孤儿，裴斯

泰洛齐教男童们学习农耕、纺织等技术，对于女童则教授手工技艺。孩子们的技艺掌握熟练后，就跟着他来到田地里、到纺织机上工作，以赚取生活费用。工作的闲暇时间，裴斯泰洛齐又给他们开设了读、写、算等课程。

进入孤儿院的孩子多在 6～18 岁之间，因为在来孤儿院之前，他们几乎没有受过什么教育、整天靠施舍度日，过的也都是漂若浮萍的生活，所以当裴斯泰洛齐初次见到他们时，脏手脏脚、目光迟钝、满口脏话、性格"顽劣"的小孩并不少见。因为自己也是一位父亲，所以裴斯泰洛齐知道孩子需要什么，他给他们洗澡、改善他们的伙食、与他们聊天……这样日复一日的生活，使他从一个孩子的父亲变成了一群孩子的父亲。

经过几年的努力，在裴斯泰洛齐这位父亲的照料下，孩子们发生了可喜的改变，看到这种成果，裴斯泰洛齐高兴地说："我看到这些幼小儿童以前的生活非常凄惨，现在却慢慢地茁壮成长，我感到极大的欣慰。他们脸上泛出满足的表情，他们已学会了劳动，他们的灵性提高了。他们在祈祷时，眼睛里总挂着晶莹的泪水。从这些被遗弃的孩子身上，能够重新发现他们的希望、道德与情感的曙光，我的快乐真是难以用笔墨来形容。"

1774 年冬天，裴斯泰洛齐不顾家境贫困，正式办起了孤儿院，收容了 18 个流浪儿和小乞丐。

是啊，未来似乎充满了希望。"如果一切真能够照着这种美好的趋势发展下去，那么，再怎么辛苦也是值得的。"裴斯泰洛齐不止一次这样想道。

然而，理想固然美好，但现实却更加残酷。一年，孤儿院所属的农庄在一次冰雹的打击下，收获惨淡。情况越来越糟，没有经费，没有粮食！妻子安娜病了，自己的小儿子也病了！本来是为了救助小乞丐，但是生活的艰难，一次次的挫折，却使裴斯泰洛齐有变成老乞丐的危险。

1780 年，在各种困难的袭击下，孤儿院终因困难重重而关闭。

又一次失败了！真的失败了吗？面

对冷眼旁观者的嘲讽,裴斯泰洛齐说:"虽然徒劳无功,然而,我却在这无数次的苦斗中,学到了无数的真理,得到了无数的经验。在别人认为我是失败者的那一瞬间,我却得到了启示,更加相信我的努力、见解和原理并没有丝毫差错。"

风靡世界的名著

遇到大的挫折,裴斯泰洛齐可能会暂时地休息,但他却绝不会回头、不会拐弯,不会离开自己的理想之路。在新庄与孤儿院相继失败后,裴斯泰洛齐觉得有必要整理整理自己的思想,有必要向公众申述自己的理想,于是,就在孤儿院停办后的当年,他立即投入了思考和写作的历程当中,而这一次埋头著书,一晃就是 18 年。

1780 年,裴斯泰洛齐写了第一篇由许多教育格言组成的论文《隐士的黄昏》。在这篇文章中,裴斯泰洛齐说道:"每个人,即便是最低下的人,都应当获得起码的、最朴素的人类智慧,这便是普通教育的宗旨。"之后,他又强调家长对孩子的教育应该注重他们的成长规律,"父母不应当强迫子女去做他们不感兴趣的事……力戒严厉和过度的压力……父母如果预先给子女拟定发展进程,就会降低孩子的能力,严重地扰乱其本性的平衡。"

次年,裴斯泰洛齐又出版了《林哈德与葛笃德》的第一部(其余的部分相继于 1783、1785、1787 年出版)。

《林哈德与葛笃德》是一本教育小说,书中有三个主要的人物:女主人公葛笃德、县长亚尔纳、坡那镇学校校长格吕菲。

农村妇女葛笃德是坡那镇泥水匠林哈德的妻子,她不仅是一个贤妻良母,而且还深明大义,疾恶如仇,尤其值得称道的是,葛笃德非常善于教育孩子,她的方法不仅简单,每个母亲都可以学会,而且效果很好。比如,她经常一边教儿童识字、唱歌和计算,一边教儿童纺纱。在孩子们食物丰足的前提下,教育他们节省并帮助穷人等,裴斯泰洛齐的教育思想主要就是通过她的语言以及行动来表达。

本来,葛笃德一家的收入不错,但是由于丈夫林哈德

受贪婪的镇长胡美尔的诱惑，常常跑到后者所开办的酒馆去喝酒、赌博，所以家境渐渐落魄，一家老小缺衣少食。为了使自己的家人和其他村民们能够翻身过上好日子，葛笃德认识到必须赶走胡美尔这个恶棍，于是，她勇敢地向正直的县长亚尔纳告发了胡美尔敲诈、勒索、压迫村民们的罪行。最终，胡美尔被撤职。

亚尔纳是一位开明的官吏，他因为同情农民们的悲惨生活，所以主张在农村实行改革，提高农民的生活水平。胡美尔被扫除后，亚尔纳在继续同其他黑暗势力斗争的同时，开始在坡那镇进行政治、宗教、生产、教育等方面的革新，而教育改革被认为是当务之急。在这种情况下，坡那镇学校的原校长被撤职，具有新思想的格吕菲走马上任成为新的校长。

格吕菲校长上任伊始，便一改往日学生学习脱离实际的现状，总想着怎么样使他的学生能获得一样可以谋生的手艺。只要挤得出时间，他就带学生去参观镇上的各种工艺作坊，不惜花费几个小时去观看人家如何做活，培养他们的职业兴趣。

除了注重职业教育，这位新校长也十分注意儿童实践能力的锻炼。比如，儿童在学校里要从事纺织；学校中要有耕地，每个儿童可以在属于自己的一亩三分地上耕作；学校要饲养牲畜，儿童要养护动物；学生需要学习对亚麻和羊毛进行加工，熟悉村子里最好的农场和手工业作坊……

在《林哈德与葛笃德》一书中，裴斯泰洛齐正是通过葛笃德、亚尔纳、格吕菲三位主人公的言行，表达了自己的教育思想以及通过教育改造社会，改善农

📖 裴斯泰洛齐是19世纪瑞士著名的民主主义教育家。他热爱教育事业的奉献精神，对教育革新的执著追求，在教育理论上许多独创的论述，不仅为世界教育发展作出了重要贡献，而且为一切教育工作者树立了一个令人十分崇敬的形象。

民生活的美好理想。

以上的著作，裴斯泰洛齐所用的写作方式虽不同，但其中的教育理想却始终如一：教育的目的，不仅要使孩子们体格强健，拥有一种可以谋生的手艺，在生活中表现出勤劳、节俭、善良等道德品质，成为一个在人世间顶天立地、敢作敢为的男女，而且要使他们学会奉献社会，能为他人谋幸福。

如此美好的教育憧憬，必然需要科学的教育理论，裴斯泰洛齐引人注目的贡献在于：第一，如同自然中每一棵树的成长必须经历发芽、抽茎、长叶，每一个果实的成熟都要经历结花苞、开花、花谢、结果等过程一样，教育也要循序渐进，由简单到复杂。第二，不能总是用空洞的文字、干巴巴的说教来教育孩子，教师所教授的知识，应该凭借摸得着、看得见的实物，应该尽可能的直观。第三，让学习与劳动、实践结合起来

↑裴斯泰洛齐既是贫儿的老师，也是他们的父亲。

《隐士的黄昏》《林哈德与葛笃德》相继出版后，引起了很大反响，尤其是后者。因为许多读者都被作者那股子改革教育、改变农民生活的热烈渴望所感动。

1789年，法国大革命爆发，封建君主政体被推翻。革命期间，一切旧思潮得到批判，新思潮得到欢迎。而就在此时，《林哈德与葛笃德》传入法国，为法国的教育指明了道路。1792年，为了嘉奖裴斯泰洛齐对法国教育所作的贡献，法兰西立法委员会授予他"法兰西共和国公民"的称号。自此，裴斯泰洛齐的教育思想开始在世界范围内传播开来。

斯坦茨孤儿院

1798年，海尔维第（瑞士）共和国成立。不久，斯坦茨城的贵族发动了一场针对新政府的暴动，并与政府军展开了激战，暴动虽然很快被镇压下去，但是斯坦茨城却经历

了一场空前浩劫。战争的残酷使得当地人流离失所，尤其是老人和儿童的生活更是陷入了绝境。

在这种情况下，新建的政府决定出资建立一所孤儿院，并委托裴斯泰洛齐进行组织管理。在此之前，新政府曾经委任裴斯泰洛齐为一名编辑，但被他拒绝。这次，当接到照顾孤儿的重任时，他没有半点推辞，便积极行动起来。1799年1月，斯坦茨孤儿院终于筹办起来，短时间内，这里就收容了5~10岁的儿童80人。由于这些儿童都是无家可归者，且饱受战争和流离之苦，所以当他们到达孤儿院时，几乎都没了"人样"：有的患有严重的疥癣，无法行走，头上长满溃烂的脓疮，身上穿着生满虱子的破烂衣服；有的是面黄肌瘦、牙齿暴露；有的是愁眉深锁，总是以猜疑的目光看人；有的养成虚伪等恶习，难以纠正；有的受悲惨环境的折磨，虽然表面意志坚定，却冷酷、胆怯；而懂ABC者，十个中无法找到一个。总之，他们青春的面庞上布满了不适宜的沧桑，忧患与疑虑的生活留给了他们历历可见的印迹。

在外人来看，救助的形势十分严峻。而实际上，情况比这更糟。虽然孤儿院由政府出资，但是在人手配备上，除了一名仆役外，就只有裴斯泰洛齐这个"光杆院长"。几乎所有工作都要他忙活，他既当爹，又当妈，还要担任负责教育的园丁，他这样形容自己的处境："晚上我最后一个就寝，睡在他们中间，陪他们祈祷、读书，一直到他们睡着；早上我最早起床，替他们换洗脏衣服，并给他们洗涤身上的污垢。"但是就在这种条件下，裴斯泰洛齐的腰杆依然笔直，他的毅力依然坚强，他的语言依然铿锵："我为实现我一生的梦想，不惜牺牲一切，几乎可以说：只要让我开始工作，即使在阿尔卑斯山巅上没有火、没有水的地方，我也可以坚持。"

强劲的精神动力支撑着裴斯泰

1799年1月，斯坦茨孤儿院终于筹办起来，儿童人数达80名之多。

这位慈父以孤儿院为家，视孤儿们为亲儿子，在这个大家庭里，他充分发扬民主，培养孤儿们的道德习惯，裴斯泰洛齐无愧于世人给予他"平民教育之父"的美誉。

洛齐面对孤儿院的种种困难，他依然乐观，"我的热情将如春天的太阳融化冰冻的大地那样迅速地改变我的孩子们的状况"。他的爱心让他把孤儿院当做一个大家庭，作为这个大家庭的家长，作为大家的"裴斯泰洛齐老爹"，他教育孩子们要如手足般亲密，要互帮互助。因为有政府的支持，令裴斯泰洛齐聊可欣慰的是，孩子们不必像在自己以前所办的孤儿院那样，因为要赚取伙食费，所以每天需要利用很长时间劳动。由于时间相对宽裕，裴斯泰洛齐就抓紧利用来之不易的光阴，给他们传授读、写、算等知识。

汗水往往不会白流。短短几个月的时间，孩子们的身心状况得到很大改善：他们脸上惊惧的表情少了，眼中的猜疑与对整个世界的恐惧减缓了。当然，认识字母的人，也渐渐多了起来。尤为重要而感人的是，孩子们已经与裴斯泰洛齐形成了一种没有血缘的亲情："我的手牵着他们的手，我的眼睛注视着他们的眼睛，我随着他们流泪而流泪，随着他们微笑而微笑……他们的饮食就是我的饮食。我没有家园、没有朋友、没有仆人，只有他们……他们不知有世界、有斯坦茨，只知道跟我形影不离。"裴斯泰洛齐如是说。

然而，动乱的时代，总有让人受不完的打击。就在艰难维持了 6 个月后，因为战争爆发，孤儿院遂被军队作为医院而占用。灾难面前，个人是渺小的，尽管裴斯泰洛齐为此顿足失声，为此大病一场，但是，悲剧却并未因此而改变。

科学的教学方法

1799 年，孤儿院被关闭后，裴斯泰洛齐悲痛地离开了斯坦茨，来到了布格多夫。在这里，他先在一个鞋匠所办的小学中找到了一份工作，并教授学生们书写、作文、绘画、算术等课程。之后，他又到了一所市立学校任教，教授

5～8岁的幼儿,并取得了良好的效果。

教学方法的试验成功,使裴斯泰洛齐受到了很大鼓舞。1800年,在当地政府的支持下,他和一些志同道合者创立了一所学校,包括小学和中学寄宿班。次年,他又在学校原有的规模下,附设了教师训练班。为了传播裴斯泰洛齐的教学方法,政府给了学校12名公费生的名额,用来专门培养教师。由此,该学校成为了欧洲历史上第一所用现代方法教学的师范学校。

在布格多夫这段教育生涯间,裴斯泰洛齐继续改革教育。在教学内容上,与瑞士当时大多数学校单一的科目相比,新学校安排的课程非常丰富,包括:读法、算术、历史、地理、音乐、图画以及体育等;在教育方法上,他提倡"要素法",即找出每一学科最基本的知识,以基本知识为起点,遵循由简到繁的原则进行教学。

比如,在上数学课时,按照由简到繁的原则,所有的计算都由1开始,他会问,1加1是多少?1加2是多少? 2减1是多少? 1乘多少是3? 个位数学好后,学生们再依次学习十位数、百位数。

其他课堂上,裴斯泰洛齐也会运用同样的方法。在语言课上,他会先让学生们举出许多熟悉的事物名称,如泥鳅、雪花等,接下来,再让他们给这些事物加上形容词,如光滑的泥鳅,美丽的雪花。如此,像滚雪球一样,学生们从词语学会了造句;在测量课上,直线是学习的基础,直线画好后,再依次增加难度,学习垂线、斜线、角、四边形、三角形、曲线、圆形、椭圆形等;在地理课上,他会先教儿童有关学校周围环境的知识,然后由近及远,再扩展到关于县、省、全国乃至全世界的知识。

除了"要素法",在教学中重视用实物、重视直观的方法,也是裴斯泰洛齐的一大特色。

比如,在教授数学计算时,为了活跃气氛,让课堂变得更有趣,他会让学生带着

裴斯泰洛齐认为教育要从易到难。开始于观察,然后是知觉、讲述,再然后是测量、绘画、写作、数字和计算。 1800年,他在布格多夫建立一所学校,直到1803年。

豆子、石子、小木棍等；在学生学习分数和小数时，他则专门将100个小正方形的积木组成一个大正方形。上课时，他就和学生们比比划划，边学边练。

直观教学法的另一个杰出例子则是他在地理课上的表现。一天，学生们都坐在教室中等裴斯泰洛齐给他们上地理课，并想着老师会给自己带来什么好玩的教学器材，但是裴斯泰洛齐一进来，却是两手空空。当学生们露出疑惑的眼神时，裴斯泰洛齐又招呼着他们走到教室外面去。这时，学生们欢呼雀跃了，他们知道，老师又要带他们去实地观察。果然，裴斯泰洛齐带着学生来到了附近的一条河流边。在继续前行时，裴斯泰洛齐叮嘱学生，一定要观察河流附近的地势。眼看学生们因为走了很长一段路，累得七倒八歪时，裴斯泰洛齐遂示意队伍停下来，然后示范性地在河边挖了一些泥土，并让学生也都挖一些，然后包了起来带回教室。

回到学校后，裴斯泰洛齐让学生取出泥土，分工合作，将刚才所看到的河谷地势用泥土做成模型。他还没有讲完，一些手快的学生就挽起袖子麻利地做起来。一会儿工夫，满教室弯弯扭扭的模型就呈现在裴斯泰洛齐面前。他挑选出几个精致、准确的模型，并一一作了讲解。

接下来的几天，裴斯泰洛齐带着学生们越走越远，所观察的地形也越来越复杂。每观察一地，与先前一样，他都会让学生做模型。一段时间后，他们几乎将当地的地势浏览遍了，而地势模型也堆满了教室。

与瑞士乃至欧洲当时僵化的教学方式相比，裴斯泰洛齐的做法可谓是开辟了一片新天空。对许多知识青年，尤其是有志于教育事业的学子来说，裴斯泰洛齐就如美国诗人惠特曼将林肯称为船长一样，裴斯泰洛齐也是他们的船长，他们纷纷不辞辛苦，前来布格多夫取经。

一天，一名二十出头的德国青年来到裴斯泰洛齐的学校。在见到裴斯泰洛齐之前，这名青年一直在猜想他心中的偶像将是一个

裴斯泰洛齐认为，儿童劳动是发展体力、智力和道德能力的手段。实验的意义就在于通过多方面的劳动训练，来提高儿童的智力

什么样的人，应该具有怎样的风度。但是当真正见了面时，见到的却是一个非常"丑陋"的男子。只见他头发蓬松，脸上的天花斑痕和雀斑清晰可见。没有领带，穿着一条邋遢的裤子，一双不合脚的鞋，岁月的沧桑在他身上更加明显。

这种形象难免令远道而来的青年有些失望，但是在经过更细致地深谈后，青年却发现这位"丑陋"的长者，自有他的魅力，他沉思的神态，他缓慢而富有音乐感的谈吐，他悲伤时的忧郁，他高兴时洋溢的幸福，无不显示出他诲人不倦的精神以及理想主义的风范。

在之后的一段日子里，青年认真观摩了裴斯泰洛齐的课堂后，很快便对他的教学方式产生了浓厚的兴趣。回到德国后，他对裴斯泰洛齐大加赞赏，称他为"高贵的裴斯泰洛齐"。这位青年后来也成了一位教育家，其盛名甚至不下于裴斯泰洛齐，他就是被誉为"现代教育学之父"的赫尔巴特。

🔶 裴斯泰洛齐

世界大教育家成功故事

教育的圣地

1803 年，就在裴斯泰洛齐的学校呈现良性发展时，瑞士政府却突然将学校的土地收回，不得已之下，裴斯泰洛齐只得和师生迁往伊佛东继续办学。经受了多灾多难的裴斯泰洛齐可能没想到，已经年过 50 的他，以后将在这里持续办学 20 年，并迎来自己一生中最辉煌的时期。

在伊佛东，由于裴斯泰洛齐的教育思想和教学方法已臻成熟，所以在应用时他也是挥洒自如。当地美丽的自然风光、学校良好的声誉，再加之他个人的号召力，学校迎来了一批批的求教者，与以前的"红红火火"不同的是，这段时间内，学生的成分非常复杂：既有儿童，又有青年；既有穷人，也有富家子弟；既有研究教育的学者，也有慕名而来的达官贵人；既有瑞士本地人，也有外国政府派遣的留学生。

1808 年，德国青年福禄培尔来到伊佛东任教，直到 1810 年离开之前，他在学校研究化学、物理、矿物、动植物等学

裴斯泰洛齐创办的伊佛东学校走完了艰难的20年历程，终于因承受不了各方面的困难而关闭。裴斯泰洛齐回到新庄以后，与孙子团聚。可他仍没有放弃，不遗余力，著书立说。

科的同时，多次与裴斯泰洛齐切磋交流，了解他有关尊重孩子心理发展的规律、注重实物教学等方面的思想。回国之后，这位德国青年在裴斯泰洛齐思想的基础上，做了大胆的创新和完善，最终成为19世纪幼儿教育的代表人物。

就在福禄培尔来到伊佛东的同年，普鲁士政府又派出17位教师，给予三年时间，让他们专门研究裴斯泰洛齐的思想。普鲁士的举动很快被欧洲其他国家所效仿，如同一缕春风，裴斯泰洛齐的思想迅速在各地传播，以至竟漂洋过海，到了"新大陆"美国，并掀起了纽约州奥斯维哥师范学校普及裴斯泰洛齐思想的运动。

这一段时间，裴斯泰洛齐整体的生活是平静的，他不需要带着老师和学生辗转搬迁；同时，他和学生们也不必再为了赚取生活费而参与大量的体力劳动。如同一个大器晚成者，裴斯泰洛齐赢得了国际声誉，他的学校也成了当时世界教育的一片试验田。为了嘉奖他在教育方面的巨大成就，俄国沙皇等各国统治者，纷纷给他颁发奖章，他终于走到了自己教育事业的巅峰。

天鹅之歌

伊佛东学校从1805年创办的那天起，到前十年的时间内，裴斯泰洛齐的教育生涯都一直处于辉煌期。但是随着学校持续时间的延长，一些始料不及的新变化，使年事已高的裴斯泰洛齐渐渐力不从心。

首先，学校内的富家子弟越来越多，而这些学生大多以求学做官为目的，对终生以教育贫苦孩子为己任的裴斯泰洛齐来说，这种趋势明显违背了他的理想，为此，他感到苦恼不已。

其次，学校内的成年学生渐多，裴斯泰洛齐的教育理论主要针对的是低龄学生、初等教育，随着成年学生比重

的增大,学校的老师有些力不能及。

另外,学校老师不团结的现象以及各种按下葫芦浮起瓢的争端越来越多,政府对学校的支持也不再一如既往地热情。

在各种不利因素的困扰下,学校开始走上了下坡路。1825年,因重重矛盾无法得到妥善解决,学校最终关闭。

学校关闭的这年,裴斯泰洛齐已经垂垂老矣。如同一片秋叶,他回到了自己事业的起点之处——新庄。此时,距离新庄的创办已达半个世纪之久。脚踩着昔日与农民们一起劳作的土地,当年的一幕幕情景再次清晰地浮现在他的脑海。作为一名教育者,一名曾经为了劳苦大众呕心沥血的人,他付出了,流汗了,也奋斗过了,但是想到当时的教育还有许多有待改进之处,农民的生活也是依旧困苦,而自己却已风烛残年,他心有不甘地深深叹了口气。

"在生命最后的日子里,总得做些事情吧!"裴斯泰洛齐激励自己。在接下来的时间里,他重新拾起往日的干劲,以老骥伏枥的精神再次拿起笔,写出了最后的一部教育著作——《天鹅之歌》。

1827年,这位自强不息、奋斗不息的老人疲惫地离开了这个世界。为了纪念他的功绩,人们在他的墓前树立了一块纪念碑,上面写道:

在新庄,你是贫民的救主,

以《林哈德和葛笃德》教诲人民;

在斯坦茨,你是孤儿的慈父,

在布格多夫,你是新式小学的创立人,

在伊佛东,你是人类的教育家。

你是一个真正的人,一个真正的基督教徒

一个真正的公民,

毫不为己,一切为人。

愿你长眠地下!

📖 裴斯泰洛齐墓前纪念碑上镌刻的文字

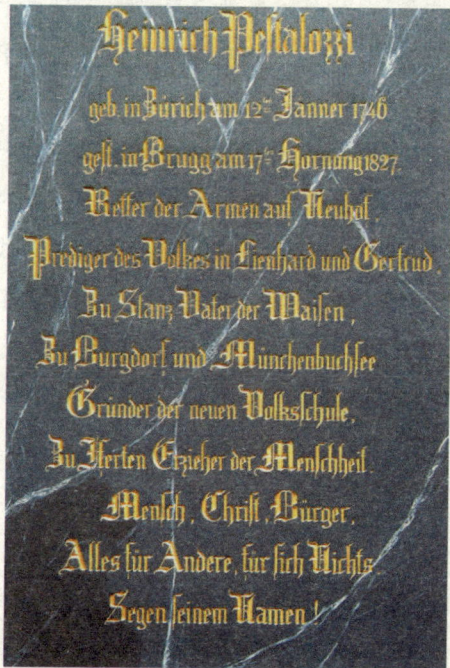

大事年表

1746 年	裴斯泰洛齐出生于瑞士苏黎世的一个医生家庭。
1751—1765 年	在家乡读中学与大学。大学期间,受法国思想家卢梭的著作《爱弥儿》《社会契约论》的影响甚深。
1769—1773 年	在家乡创办"涅伊果夫"(意思是新农庄,简称新庄)试验场,目的在于提高农民的生产技术,改善农民生活,后因经费欠缺而关闭。
1769 年	与安娜结婚。夫妻一起进行新庄的试验工作。
1774—1780 年	在新庄创办了"孤儿院",开始实验自己的教育理论。
1780 年	写作了第一篇教育论文《隐士的黄昏》(又名《隐士的暮年》)。
1781 年	教育小说《林哈德和葛笃德》(又名《贤伉俪》)第一部出版,并为裴斯泰洛齐带来了很高的声誉。
1792 年	法兰西立法会议授予裴斯泰洛齐"法兰西共和国公民"的荣誉称号。
1798 年	受政府的邀请,在斯坦茨城创办孤儿院。
1799 年	前往布格多夫,相继任教于一私人学校和市立幼儿学校。
1800—1803 年	在布格多夫创办新式学校,后又附设了一所师范学院。
1805—1825 年	新式学校迁往伊佛东,这一时期,学校赢得了国际声誉,欧洲各国派遣留学生。
1825—1826 年	回到家乡,写成最后一部教育著作《天鹅之歌》。
1827 年	逝世,享年 82 岁。
1846 年	在他诞生 100 周年时,人们为他建立了纪念牌。

杜　威

在西方世界，杜威是继柏拉图、卢梭等人后又一位重量级的教育家。通过反思美国当时的教育现象，杜威提出了"儿童中心论"、"教育即生活，教育即生长，教育即经验的不断改造"等理念。这些理念犹如一阵阵飓风，将旧的教育观念吹得人仰马翻，并在之后的美国教育界风行起来。

作为一位教育家，杜威不仅更新了教育思想，而且还亲自办起了学校，他希望通过切身观察，改进自己的理论。值得一提的是，杜威的教育理想并非仅仅局限在美国本土，为了扩大视野，他先后访问过日本、中国、墨西哥、苏联等国，在行万里路的同时，将自己的思想播向四方。

充实的童年

　　为了找寻杜威的足迹,我们需要从美国的历史说起。17世纪时,美国所在的地区成为英国的殖民地,到了18世纪,随着独立战争的爆发,美国得以独立。然而,独立后的美国,并未很快走上腾飞的道路,究其原因,最重要的因素是北方的自由市场与南方农奴制度之间的矛盾。因为有这层隔阂,美国始终面临着发展的瓶颈。1861年,隐藏在南北方之间的矛盾终于浮出水面,并一跃演变成战争,从而拉开了内战的序幕。美国内战一直持续到1865年,最终以北方获胜告终。这次内战一方面给美国人民带来了战争的创伤;另一方面,却借助"战争"这一极端的形式,打破了原来困扰美国发展的牢笼。战争后,黑人奴隶逐步获得解放,美国民主政治也获得了发展,更重要的是,美国经济自此龙腾虎跃,开始尽情地施展拳脚。

　　而杜威正是诞生在美国这样一个风云变幻的时代。

　　1859年10月20日,在风景绮丽的美国农业小镇柏灵顿的一个普通家庭中,诞生了一位新的男主人,这时他前面已经有了两位哥哥,不久,他的父母给他取名为约翰·杜威。

虽然生于一个普通的家庭,但父母给了小杜威一个温暖的家。

　　小杜威的祖先是1630年从英国迁到美国的拓荒者,他的父亲名叫阿奇博尔德,曾参过军,后来改行做杂货生意。虽然从小没念过几天书,但阿奇博尔德通过自修,已经达到了能欣赏莎士比亚和弥尔顿等人作品的能力。阿奇博尔德还善于演说,且经常是声情并茂。不过,在经济方面,他的才能似乎并不佳,因为据他的孙女,即杜威的女儿说,"他卖的货物比谁都多,但是挣的钱却比谁都少。"

　　小杜威的母亲名叫卢西娜·里琪,相比出身于农民家庭的丈夫,她算得上是大家闺秀。她的家庭很富裕,而父亲又是当地颇有声望的法官。里琪生性热情，且注重对孩子们的教育。阿奇博尔德对孩子们的期望是想让他们当一名优秀的技工，但她则有更高的期许，她想让他们读大学。

虽然生于一个普通的家庭，但由于父母感情很好，所以小杜威还是处于一种温馨的环境中。童年的杜威很羞涩，不过他有一大爱好，那就是到亲戚家的农场中去玩，在这里，他亲眼看到农人的忙碌，感受到了田野间的芬芳，因为这些新鲜体验，他经常是乐不思蜀。而这种向往体验生活的爱好，后来则一直延续在他生命的历程中。

年龄稍大些后，杜威被送进了当地的一所公立学校，明显的是，他并不喜欢那里的生活，尤其是对死记硬背的学习方式感到厌倦。后来，由于父亲在服兵役，所以和母亲长期分居，为了结束这种难堪的生活，母亲做出了一个在当时颇为罕见的决定——搬到父亲服兵役的所在地，即位于佛蒙特州的司令部。相比原来的小镇，那个地方非常贫困。为了给自己攒钱购买书籍，杜威与其他朋友一样做过许多工作，比如卖报纸、帮忙清点木材等。

生活虽然并不宽裕，但却很充实。在日常的学习之余，杜威经常会约上三五个好友一同出外旅行。在一次命名为"钓鱼行动"的游历中，杜威带着帐篷、炊具，又租了一条划艇，沿着一条加拿大的河流划行，同时还雇了一位印第安向导。广泛的游历使他增长了不少见识，也使他更加厌恶学校中呆板的生活。不过，虽然美其名曰"钓鱼行动"，但这次行动却并未钓到几条鱼。

时光荏苒，一晃杜威15岁从中学毕业了。他从学校学到了什么呢？他恐怕不愿多在这个问题上浪费时间；但是，亲自参加了劳动，始终生活在一个充满劳作的环境中，这些点滴的价值，杜威即使当时没有感觉到，但在他以后的生活中，他会很快的发觉，原来他的童年享受了其他少年所没有的最美好的教育。

世界大教育家成功故事

杜威小的时候有点害羞，并不是很聪明的小孩，不过他很喜欢看书，是大家公认的书虫。

大学求知

16 岁时，杜威上了离家较近的一所大学，即佛蒙特大学，这所学校建于 1791 年，虽然时间已经不短了，但是规模以及教学水平都不高。初上学时，杜威主要的学习课程有希腊文、拉丁文、古代历史、微积分等。虽然其中的许多课程都是一些基础知识，但是杜威还是找到了令自己眼前一亮的东西。原来，学校中的一位教授不拘传统，向他们介绍了当时正在欧洲掀起轩然大波的进化论。之后，他又逐渐接触到了赫胥黎有关这一学说更加详细的解说。原来人与类人猿有着同样的祖先，原来生物是一个逐渐演进的过程，原来"自然选择，适者生存"……这些新思想碰撞着青年杜威的心灵，他仿佛找到了一个新窗口，一个观察这个世界的新窗口。由于有关进化论的争论依旧在欧洲进行着广泛而激烈的争论，所以杜威就一直紧盯着该领域内的波澜起伏。幸运的是，学校内有许多英国的学术期刊，比如《双周刊》等。通过这些书籍，杜威倾听着科学最前沿的浪涛声。

赫胥黎，英国生物学家，因捍卫达尔文的进化论而有"达尔文的斗犬"之称。杜威读了赫胥黎的解说之后深有启发。

之后，大学里又相继开设了自然科学方面的很多课程，到了大学的最后一个学年，按照学校的惯例，为了拓宽准毕业生们的眼界，这一阶段主要的课程是讲授哲学，因为这种缘故，杜威学习了柏拉图的经典著作《理想国》以及其他哲学的经典著作。不过，他的真正兴趣倒不是在这位古希腊的前贤身上，而是在一位刚去世不久的法国哲学家那里。这位哲学家名叫孔德，是一位实证主义哲学家。通过了解孔德的思想，杜威童年时期埋下的注重体验生活、关注现实的意识再次获得复苏。与其他埋首于书斋的学生不同的是，杜威想的更多的便是学以

致用。他的这些思想，为他以后在教育工作中，关注社会、强调实践的学说打下了良好基础。

↑佛蒙特大学

1879年，杜威大学毕业。回顾大学生活，虽然对学校的教学与课程有许多不满意之处，但是杜威的学习成绩却堪称优秀。在毕业典礼上，他还成为了美国大学优秀生全国荣誉组织的一个会员。可是，毕业后，一个问题又迎面而来，"我要做什么？我要找一个什么样的工作呢？"杜威在出校门的那一刻，被这个问题深深困扰着。

可以想象，这个问题的确让杜威这个刚出校门、又羞涩、又不自信的大学生头疼不已，以致到了新学期开学时，他依旧在为找工作而发愁。不过，在这个困顿的时候，还是很快就有人向他伸出了援手。一天，杜威接到了一位堂兄的信，这位堂兄当时正在宾夕法尼亚州的一所中学任校长，当杜威拆开信封时，一个夏天的紧张情绪不禁松弛下来，原来，堂兄邀请他到自己的学校中任教。说走就走，杜威立即赶往目的地，从此开始了他的第一次执教生涯。遗憾的是，没过多久，由于堂兄要结婚，便辞去了校长职务，所以杜威也紧跟着离开了。之后，他又在柏灵顿的乡村学校找到一份工作，继续从事教学。在此期间，杜威接触到了自己的母校佛蒙特大学的陶瑞教授，两人开始了密切来往。作为长辈，陶瑞开始指导杜威系统的学习哲学；作为朋友，有时两人谈得高兴，还会经常在林间漫步，这种轻松的谈话氛围使杜威受益匪浅。在聊天的过程中，陶瑞以一个过来人的身份，劝勉杜威，"只有好的环境，才有可能成就好的事业，我希望你慎重考虑自己的未来。"是呀，杜威心想，自己毕业也有段时间了，当时，看见同学们已纷纷找到工作，自己因为迟迟待业，所以一心想要有个栖身之所，

世界大教育家成功故事

德国哲学家黑格尔

如今，也已经安静了一段时间了，难道就在这所小学校中终老一生？难道还不考虑下一步？自从老师说过那番话后，杜威便开始做改变的准备。因为陶瑞很欣赏黑格尔的哲学，所以在这段时期，杜威也一直醉心于黑格尔。在当时的美国学界，流行着一股子学习德国的风气，在哲学领域，学者们就表现出非常崇尚黑格尔等人的哲学。在这些人中，有一位名叫哈里斯的哲学家，属于该领域的权威人物。一次，杜威因为想以后从事专业的哲学研究，但他并不自信，不知道自己是否是那块料，于是，在写好了一篇哲学论文后，便惴惴不安地发给了哈里斯，并询问他这篇文章的作者是否适合研究哲学。在经过焦急的等待后，哈里斯终于回信了。拿着信，杜威还是战战兢兢，等到打开信封一看，他才终于掉下了那颗悬着的心。原来，哈里斯不但热情称赞文章的作者具有不凡的见解，而且准备在自己主编的权威刊物上发表这篇文章。对一位刚刚进入学术研究的人来说，这种鼓励无疑及时而又温暖。不久，杜威再次想起来陶瑞关于环境与人生那番话，这次，他没有犹豫，径自一鼓作气，向一位伯母借了500美元后，遂起身离开自己从小生活的圈子，来到了巴尔的摩的霍布金斯大学继续学习。霍布金斯大学在当时的美国堪称一所新式学校，它的榜样不是其他国家，正是德国。因为处处学习德国大学的模式，所以又有美国的德国大学之称。不光如此，真正让这所学校焕发出光辉的是校长吉尔曼。吉尔曼是美国著名的教育家，他敏锐地觉察到了他所处的时代将是个极具变化的时代。为此，他鼓励学生，希望他们敢于笑傲古人，敢于开拓出新的路子。为了了解每个学生，鼓励每个学生，吉尔曼还经常与学生聊天、谈心。可想而知，当杜威进入这所学校读书时，迎面扑来的新气息是如何让他激动，这种气息是在那所又小又正统的佛蒙特大学所难以感受到的。

　　杜威在霍布金斯大学攻读哲学,这次,他又遇到了一位良师益友,此人名叫莫里斯,是一位研究德国哲学的教授。莫里斯不但在生活上积极帮助杜威,使他获得了一笔奖学金,从而减轻了他囊中羞涩的困扰,而且在学业上也一直启发他。后来,当莫里斯去世,为了纪念恩师,杜威便将自己出生的第三个儿子取名为莫里斯。说来也怪,这位小莫里斯十分可人,气质尤佳,然而不幸的是,他在童年时便夭折了。

　　如果说莫里斯对杜威的帮助,是在已有知识上的加深,那么,皮尔斯、詹姆斯等人的思想则将他带进了一个全新的、并对他影响至深的领域。皮尔斯是霍布金斯大学的老师,曾教导过杜威。詹姆斯是哈佛大学的老师,杜威是从他的著作中了解了他的思想。这二人都是大名鼎鼎的实用主义哲学家。当时的杜威,心中还一直受黑格尔的影响,认为有着绝对的真理,可是二人的思想却告诉他,哪里有什么一成不变、千古不易的真理,所有有价值的思想都需要经过实际的检验和考验。犹如当头棒喝,这一思想后来一直在杜威的脑中盘旋发酵并深深影响了他的教育理论。

　　1884 年,杜威取得了哲学博士学位,霍普金斯大学的学习也就告一段落。临走时,热情的吉尔曼校长找来了杜威,在鼓励了他一番后,也对他提出了希望。原来在这位校长眼中,杜威太过孤僻并且书生气太重,对此,他希望杜威能够突破自己。

　　又一阶段的学习结束了,杜威又面临着找工作。不过,这次他没有犯什么难。因为从恩师莫里斯的信中得知,他已经被推荐为密执安大学的哲学讲师。由于待遇以及环境都不错,所以杜威欣然前往该大学任职。这次,他不知道的是他不仅会走上一条重要的事业之路,而且还会遇上自己的朱丽叶。

　　这位朱丽叶的名字叫艾丽丝·奇普曼,她也曾做过老师,比杜威大几个月。与相对羞涩的杜威相比,奇普曼热情活泼,因为从小受的教育就是"做你认为正确的事情",所

霍普金斯大学,1884 年杜威取得了霍普金斯大学的哲学博士学位。

以她很有魄力，而这一点，深深地吸引了杜威。自从认识后，二人便陷入了热恋当中。1886年，杜威与奇普曼喜结良缘。当时，二人可能还不知道，他们将一同在教育的道路上携手并肩，风雨同舟。

筹办杜威学校

美国内战结束后，美国的经济与社会逐渐走上了快速发展的道路。在教育方面，主要表现在两方面。第一，学生人数增加，尤其是中学生等低年龄受教育者人数的增加。第二，包括高等大学在内的学校数量猛增。不过，就在教育走向普及的同时，由于美国教育原是从欧洲移植过来的，所以欧洲古老教育中重视死记硬背、脱离社会实际的灌输式教育也在美国普遍存在；可是，这种教育显然已经不能适应19世纪的世界，更不能对上19世纪美国的口味。试想，面对日益发展的工业、日益精进的知识，学生们却只能关在书斋中学习那些死去的知识，即使有的学校已经在教授新知识、新思想，但它的方法却仍旧是呆板、无趣的。

如何改变现状？有谁会参与到这场变革当中，从而给当时的美国带来一场新鲜的春雨？还是那句哲理，历史充满了机遇，而机遇往往青睐于那些有准备并且善于付出努力的人。

1884年，当杜威背着行囊风尘仆仆地来到密执安大学的校门口时，历史便给了他一个机遇。

当时，这所学校的校长名叫安吉尔，此人也算是教育界的一位"豪杰"。因为当时中学数量激增，所以面对如潮水般涌来的报考大学的中学生，如何省掉招生考试的麻烦，而又在兼顾公平的情况下，能提高学生们进入大学的效率？为了解决这个问题，安吉尔灵机一动，随即作出一个富有魄力的决定：通过调查当地的

密歇根大学是美国历史最悠久的大学之一，在世界享有盛誉。

中学，挑选一些成绩优秀的学校，从而给予该学校学生免试进入大学的"优惠"政策。这个政策一出，因为其有效性，所以很快风行全美。不过，由于担心中学为了获得优惠政策而弄虚作假，所以安吉尔又在密执安大学内设置了一个调查委员会，专门调查此事。幸运的是，杜威除了教授哲学和心理学以外，还成了该调查委员会的成员。

这份工作对杜威来说，可谓十分的重要。这里的重要不是指职位的高低，不是薪水的多少，而是借助这个跳板，杜威远远望见了自己的未来。在进入密执安大学以前，除了短期的执教生涯以外，杜威大多数时间都是在研究哲学，并且已在国内小有名气。可是在此之后，通过与当地中学的实际接触，杜威越来越感到中学教学内容的贫乏、教学内容的呆板。时间愈久，他对教育的思考也就愈深刻，而改革之心也就更加强烈了。

因为在密执安大学内，他施展抱负的余地较小，所以就在1894，离开密执安大学，进入了芝加哥大学任教，并开始执掌其中的一个系。据杜威女儿后来的回忆，以杜威当时在学术界的地位，他之所以会选择芝加哥大学，很重要的一个原因，就是该校的那个系包含了哲学、心理学和教育学。事实上，杜威正是想利用在该系的工作，深入地研究哲学、教育学、心理学之间的关系，继而大展一番拳脚。

杜威于1894—1904年在芝加哥大学任哲学系、心理学系和教育系主任，190—1904年还兼任该校教育学院院长。

果不其然，仅仅在该校呆了两年之后，杜威久久酝酿的变革终于结出了一枚果子。这一年，杜威准备办一所实验学校，招收3~4岁的儿童进行学习。实验学校！当时还没人听到过这个名词。于是有人讥笑杜威：

"莫非将孩子们像实验品一样解剖吗？"

杜威摇摇头，回答道：

"我所谓的实验，是将我的教育思想付诸实践的一次教育实验，它是一个发现错误并不断纠正的过程。在这里，我们将把教育当做一门科学来讲究、来验证。因为如果不这样，我们便不能知道哪种教育思想是好的，哪种又是拙劣的。"听了这个回答，有人又问他：

在杜威的哲学思想中，他并不赞成观念完全是一个固定不变的静态的说法；观念自身并不是绝对的，杜威把观念视之为可易的、动态的、具有工具性的指导效能，使我们更能适应外在的环境。

"那你的实验学校是不是就是一个模范学校，到时大家都可以照搬经验？"

杜威听后，微微一笑：

"不！我们只是在实验，实验学校并没有达到模范学校的等级，也并非可以让其他学校照搬经验。"

虽然当时的美国正发生着日新月异的变化，但是就实验学校这件事来说，大众也还是第一次耳闻。面对这种现状，如何使大家了解实验学校的办学初衷，理解自己的教育思想，了解自己将在这所未来的学校中如何教育学生，杜威开始准备做一系列的演讲。他计划着，通过演讲，一方面，可以为筹建学校拉赞助，一方面也权当做一些舆论铺垫。说干就干，为此，他接连进行好几次演讲。

在其中的一次演讲中，他这样向人们介绍了自己的教育思想：

"我们首先需要弄清什么是教育，我们将把自己的孩子教育成什么样的人。在以前，知识都掌握在少数人的手里，知识皆被有权力的人垄断着，所以为了培育自己的继承人，上流阶层的人会采用灌输的方式教育自己的继承者。但是，时移世易，时代变了，教育方向也应有所变化。我们如今是朝着民主社会的方向努力，工业取得了很大发展，为了感触时代的呼吸声，我们必须紧跟时代的步伐。以前那种两耳不闻窗外事的时代早就过去了。为了让学生将来能够适应社会，必须让他学会生存的本领，所以说，成功教育的衡量标准之一，就是能否将学生教育成一个'有用'的人。"

当杜威将上述思想讲完后，一名观众发出疑问："博士说，将孩子培养成一个有用的人，那具体应该如何做呢？"

"别急，我将谈及这个问题，只是稍后再谈。我接下来想说的是另一个问题。"杜威眼见刚才问问题的那位男士还站着，就顺便问他，"请问，您了解您孩子在学校的学习情况吗？"

"您指的是哪方面？"

"我的意思是说，老师如何给你孩子传授知识？"

"也没什么，就是老师通过课本教授孩子知识。孩子再根据老师的指导学习、记忆。"

"还有呢？"

"还有什么？"这位家长不明白杜威追问什么。

"我是说，孩子在学校、教室的场景。"

不听则已，一听这位大名鼎鼎的老师提出这个问题，这位家长有点想笑，但是出于礼貌，还是控制住了。他看见杜威一直盯着他看，便不假思索地说："全美国的学校不就一个样嘛，学校中有花园、图书馆、教室、宿舍等。教室里是一排排整齐的桌椅，上课时，学生们就静静地坐在自己的位子上听讲。至于他们专心不专心，我就不知道了。"说完，这位家长就坐下了。

这时，杜威看见台下观众已经轻轻地嘀咕开来，就又从其中找到了一位女士，然后问她："作为一名母亲，您对现在的这种教育现状如何看呢？"

"我觉得老师就在那里教，孩子就在那里听，有点呆板。"那位女士回答。

"对！"

"对！"

"对什么？本来就应该这样，难不成还让老师坐在那里听，学生在那里教？"听到场内有人附和那位女士的观点，有位老人家有点愤愤不平地抬杠。

尽管观众对这一问题，出现了不同的反应，但是杜威还是很高兴，因为他看见大家开始思索这一问题，而这正是他想要的氛围。接下来，杜威讲出了自己想说的第二点。

"正如刚才那位男士所言，在我们美国学校的教室中，很容易看到这样一种情景：一排排难看的课桌按几何顺序摆着挤在

杜威在给家长们讲述自己的教育方式

一起,以便尽可能没有活动的余地,课桌几乎全都是一样大小,桌面刚好放得下书籍、铅笔和纸,外加一张讲桌和几把椅子,另外就是光秃秃的墙,或者还有几张图画。再说课堂,大多数的情况都是通过老师和课本,学生按要求掌握一定的知识。请大家试想一下,这样的教育方式合适吗?"没等大家回答,杜威就接着说,"我认为不合适,因为这里出现了一个严重的问题,那就是那种课堂就像是今天的演讲现场,老师就像是我今天演讲的角色,而学生就像是在座的各位听众。请大家试想,这样的角色,合适吗?教育本身就是为了孩子,孩子本应是主角,但是却成了听众。请大家再联想一下课堂中固定的座椅,学生们坐在上面上课,不就成了"静静的听众"?这时,学生就总是处于被动的状态,他总是在依附老师,请问,这样的教育是有利于孩子发展的教育吗?"

这时,一位听众站了起来,问杜威:"博士,请问,您为什么认为这种方式不对呢?老师本来就是知识的拥有者,孩子什么都不懂,当然要跟着老师学习,这有什么错?"

本来杜威还想着大家的教育观念已经根深蒂固,自己的教育思想不好阐释,但是,刚才这位观众的想法的确很有代表性,所以他就想接着这根杠杆,着重谈一谈这一问题。

"我认为,我们许多人的出发点走偏了。孩子真是一无所知吗?孩子懂得很少,他就应该始终围着老师转圈圈?我并不同意这种观点。通过现代科学的研究,孩子们尤其是儿童,他们具有潜在的学习能力,并且存在四种类型的兴趣。这些兴趣包括:谈话或交际方面的兴趣;探索或发现方面的兴趣;制造东西或建造方面的兴趣;艺术表现方面的兴趣。这些兴趣是儿童们与生俱来的,是他们最丰厚的资本,因为儿童们具有这些潜力,所以我们应改变以前的看法,就像哥白尼抛弃了地心说而主张日心说一样,我们也应主张,儿童就是教育的中心,就是教育所应该围绕的太阳,我们需要在教育界开展这场革命。"

杜威主张教学方法的实施应紧扣学习者为中心的前提,特别是在儿童的早期阶段的教育"更多地是社会学和心理学意义上的工作",后期再慢慢再转向"系统的、技术的知识"。

杜威这番话刚说完，底下的听众已经出现各种情状，有的沉默不语，似在深思；有的则连连摇头，好像对这种观点丝毫也不认同。杜威没有继续发言，他在等待听众的提问，从前几次的经验中，他已经认识到，从疑问入手，更有针对性，也更容易擦出智慧的火花。果然，一位听众站了起来：

"请问博士，照你这么说，孩子不应呆在固定的座椅上，难道应该像牧人放牧羊群一样，呆在大草原吗？"一句话，引起了听众们的哄堂大笑。他接着补充，"再说，你说教育要与时代、社会紧密地联系起来，可在一个小小的学校内，怎样才能达到这样一个目标？况且，我认为，我们现在的教育并没有脱离实际，孩子们现在还在打基础，等年龄大了，自然会走向社会。"他说完，已经顺势坐下了，但杜威却反问他："能不能将桌椅从固定的变成移动的？能不能在学校内建设工厂？能不能让小孩子在工作中、活动中亲身体验，主动地学习？"

这一连串的问题犹如一声声雷鸣在听众的脑中轰响。

"如果将桌椅移动了，岂不乱套了？"

"将工厂搬进学校，学校还叫学校吗？学生岂不成了工人？"议论声此起彼伏。

杜威依然镇静，他解释道："在我们以前的概念中，教育就是为了将来作准备，学校就是课堂、图书馆、桌椅，有时可能还有实验室；但是，我认为，教育应该贯穿在孩子生活的点点滴滴中，应该伴随着他的成长过程。简言之，教育就是生活，教育就是成长的过程。再者，我们也应该更新关于学校的形象。因为教育与社会密不可分，那么，我们为什么不将学校建设得更像一个小型的社会、为什么非要将它营造成一个只有朗朗的读书声的场所？

"按照我的设想，为了最大可能地将学校变成一个微

杜威出任芝加哥大学的哲学、心理学、教育系主任。在这里，他跟他的妻子创立了名闻遐迩的实验小学；并以心理发展为基础，来构筑出教育的各项理论。

↑杜威

型的社会,学校内部除了现在普通学校中普遍具有的设施以外,还可以设置木工车间、金工车间、纺织室等工业场所,不仅如此,还可以有厨房、商业场所。更理想一些的话,学校周围还会有乡村、农庄、花园等。如此,学生便可以充分地参与到农业、工业劳作中,并可以与大自然进行亲密接触。"

"那到底是学生呢,还是农民、工人?"

"如果单单劳动了,单单活动了,那么,原来在课本中传授的知识应该去哪里学习?"

有几个人趁着杜威喝水的时机,提出了自己的疑问。

针对这些问题,杜威回答:"这其实正是我接下来要谈的教育方法以及学习方法的问题。在我刚才设想的学校当中,学生所有的活动都是为掌握知识、提高品德、练习技能而准备,所有的活动都是一个整体,都将充分地发挥学生的自主性。举个例子,现在有一个儿童准备做一个盒子,如果你只教他怎么做,或者他只在脑中空想这些知识,那么,无疑地,他只能纸上谈兵。但是,换一个角度,如果他准备动手去做,他的目的、计划就必须很明确。在制作的过程中,他又得选择合适的木块,测量所需的部件,设计一定的比例。在整个步骤中,包括了准备材料、锯、刨、用砂纸擦光、使所有的边和角都恰如其分等多个工艺。如果他最终制成了这个盒子,他就会乐在其中,体验到劳动的辛苦,认识到坚韧不拔的可贵,并且掌握相关的知识。

"再举个例子,当我们想给儿童们讲授人类发展史的时候,我们怎样讲呢?是把原有的知识直截了当地告诉他们吗?不能这样。我们可以首先引导他们想象原始人怎么生活,他们住在怎样的山洞里,用怎样的工具打猎。当他们对这些问题产生了兴趣和疑问后,再可以让他们去一堆石头中捡出自己认为可以制造工具的种类,因为这样,他就可以学习相关矿物学的知识。接下来,当讲授铁器时代时,要炼铁,自然需要熔炉,熔炉是什么样子呢?可以引

导儿童在纸上画出它的草图。因为这里面牵扯到炉嘴、排气孔的位置安排以及相应的燃烧原理，所以在不断地改正中，他们又能获得这方面的知识。

"除了要在教育中渗入许多活动外，即使在理论知识的教授上，我们也应该注意语言的表达，应该运用最适合儿童心理的表述方式。可以举个例子，当我们想教授儿童有关地球早期状况的知识，我们既可这样表述：'当地球冷却凝结时，水借助二氧化碳从岩石中把钙拖出来，继而溶在大量的水里，小动物在水里就可以利用它。'也可以这样说：'当地球变冷以后，钙存在于岩石中；而二氧化碳和水会结合成一种溶液，当它流动时，便把钙拽出来并将其带进海里，这时，海里的小动物就可从溶液中摄取它。'你们注意到上面两句话吗？其中的'拖出来''拽出来'是一种很形象的表达，我认为这是一种诗的语言、科学的语言。在对学生们，尤其是儿童的教学中，就应该使用这种语言。因为只有这样，才能引起他们的兴趣，使他们有切身的体验……"

通过这些演讲，许多听众，尤其是许多家长初步了解了杜威的教育思想。由于其中的一些人本来就对当时的教育方法深感厌恶，所以决定支持杜威办实验学校。同年（1896年），实验学校建成，初名为"芝加哥大学初等学校"，后来，因为学校中的老师仰慕杜威，所以又将学校称为"杜威学校"。虽然它隶属于芝加哥大学，但是其大部分经费还是来源家长和社会人士赞助。

当实验学校最初开学时，只有16个学生，2名老师。到了同年的10月，学生增至32人，1903年，学生则多至140人，到1904年，教职员达23人，助教（由大学研究生担当）10人。为了更好的开展工作，杜威还专门编写出了一套特定的教材和方法。在具体的教学上，与普通学校相比，实验学校的确有点另类，比如，第一，全校有很多个教研组,内容涉及多个领域,包括社会科学、自然科学、数学、音乐、语言、手工训练、家政、体育等。第二,学生不是按年龄来分班级的,而是按照发展程度的不同分成不同的组;第三,学校里没有考试,更没有留级。第四,学校中设置了生物学和物理学实验室、体育馆、工场等设施。在办学伊始,由于学校的特色,所以吸引了不少参观访问者,下面一段话便是其中一位的见闻:

"除了在会议室和图书馆里以外,没有桌子和固定的椅子。当要求一个由 8 岁或 10 岁的儿童组成的一个班不要在教师面前坐或站成一排时,他们只是顺便把很矮的椅子整了一下,任意地围绕着她,正像他们在家庭里一样。她给他们讲一个故事。如果他们要扭动扭动自己的四肢,他们完全有自由这样做。他们可以变换自己的位置,如果他们安静地去做。而且,的确如果一个儿童由于讨论中的一些激动的事情从椅子上跳起来,轻轻地手舞足蹈,我不认为他受到的责备是很严厉的。他们在课堂或任何其他地方可以相互交谈,而且常常兴致勃勃地讨论困难的问题。那里有免于受束缚的自由,但这种自由不允许流于放任。"

如观察者所见,杜威想一步步将在演讲中表达出的理想付诸于实践中,他想在类似于通过做饭,儿童便能学习化学知识的这种实际活动中调动儿童的积极性。根据原计划安排,实验学校度过了摸索期,进入了修正期和提高期,然而,当到了 1904 年时,由于杜威与芝加哥大学校长在学校管理方面的分歧,杜威愤而辞职,结果,实验学校也就此停学。

虽然实验学校从开学到停学,只维持了八年时间,但是这所学校,无论对杜威还是美国的教育界,都产生了很大影响。杜威的学生胡克甚至认为,实验学校是"美国整个教育史

杜威在著名的教育学著作《民主主义与教育》中明确表示"教育的目的是要使个人能够继续他的教育……不是要在教育历程以外,去寻觅别的目的,把教育做这个别的目的的附属物"。

The Middle Works, 1899–1924

JOHN DEWEY

VOLUME 11: 1918–1919
Journal Articles, Essays, and Miscellany Published in the 1918–1919 Period

Edited by Jo Ann Boydston
With an Introduction by Oscar Handlin and Lilian Handlin

上最重要的、最大胆的实验"。

在实验学校停办之前，杜威发表了一系列的教育著作，包括 1897 年发表的《我的教育信条》，1899 年发表《学校和社会》，1902 年发表《儿童和课程》。《学校和社会》是实验学校开办前，杜威所作演讲的集合，这本书在当时与他的实验学校交相辉映，不但在美国本土上掀起评论的狂潮，而且还被译成许多种文字，从而风行海内外，成为杜威早期最重要的教育著作。

因为实验学校以及其他缘故，从 1904 年起，杜威离开芝加哥大学前往哥伦比亚大学，并从此在该校执教一直到退休。此后，1915 年，杜威又出版了《明日之学校》，1916 年，又写了《民主主义与教育》，在这些著作中，杜威讨论了民主社会与教育的关系。

日本与中国的讲学

1918 年的一天，杜威正在大街上散步，忽然听见周围有人喊老师，他循声望去，却看到一位日本人在冲着他笑。杜威定睛一看，哦，原来是自己的学生小野荣二郎。的确，这位日本人正是小野。他曾在密执安大学师从杜威，后来虽然进入商界，但仍旧与老师保持着联系，二人寒暄后，小野就开门见山向杜威说："老师，我这次来，是代表我自己和东京帝国大学来邀请您前往日本讲学。希望您能答应。"杜威听后，略微沉吟了一番，想起自己早有在远东走一走的念头，随即愉快地接受了小野的邀请。

同年冬天，杜威夫妇启程踏上了前往樱花之国的路途，后来，他在东京帝国大学连续作了几次以民主社会等为内容的演讲，颇受欢迎。等演讲已经进行的差不多了，他便准备在四处旅游一番后，就启程回国，也就在这时，一封异

胡适（1891—1962），曾担任国立北京大学校长、中央研究院院长等职。

↑郭秉文（1879年－1969年），字鸿声。教育家，中国现代高等教育事业的先驱，中国现代大学的开创人。1919年9月继任南京高等师范学校校长。

域的书信飘然而至，挽留住了他的步伐。

这封书信是从与日本一衣带水的中国寄来的，写信人是一位28岁的中国人，他名叫胡适。此时的胡适，虽然年纪轻轻，但已经是国立北京大学的教授，不仅如此，他还因为在国内倡导用白话文代替文言文写作，从而"暴得大名"。为何胡适会给杜威写信？原来，胡适在美国哥伦比亚大学留学时，也曾经是杜威的门下弟子。这次他之所以千里迢迢寄信给杜威，其目的正与小野一样——请老师演讲。接到这封信后，杜威有些犹豫了，这次出行本来并没有预备走太长的时间，而如今，倘若再去中国，少说也得逗留半年，但即使是半年，偌大的中国，恐怕也看不出个所以然来。可是，如果不去，似乎又太可惜，毕竟，古老的中国当时正在经历着变革，它太具诱惑力了。接下来的几天，杜威一直处于犹豫当中，可就在这时，两位意外之客又翩然而至了。

这两位客人不是别人，他们是当时北京大学的校长蒋梦麟、南京高等师范学校的校长郭秉文。一如胡适，这两人也是杜威在哥伦比亚大学时的学生，见到杜威后，他们说明了来意：代表北京大学、新学会、尚志学会、中国公学四个组织正式邀请杜威前往中国讲学。杜威看见自己的学生们十分诚恳，所以也就不再犹豫，遂决定前往中国一游。两人走后，他便给胡适写了一封信，信的大意是说，自己大约在5月份（1919年）抵达上海，可能会在中国呆两个月，到了7月时，再返回日本乡间小住一段时间，然后就回国。此外，在信的末尾，他提到了郭秉文曾邀请他在中国呆上一年，对此，他也很愿意，认为如果真能如此，便可以对中国观察得更仔细一些。

接到杜威的来信后，兴奋的胡适迫不及待地将信翻译出来，并刊登在了《北京大学日刊》上，这时，正值3月份，为了欢迎杜威，胡适开始和同事们准备起来。

1919年4月27日，杜威夫妇乘船离开日本，三天后，到达了上海。一下船，他们便看见了站在港口迎接他们的胡适、蒋梦麟以及自己的另一位学生陶行知。

短暂的休息后，接下来的几天，杜威夫妇在蒋梦麟等人的陪同下参观了上海的《申报》馆以及一家纺织厂，看到纺织厂内中国童工长时间的劳作，这位美国的思想家欷歔不已。之后，他又在江苏省教育学会进行了抵达中国后的第一次演讲，题目是"平民主义教育"。

上海的行程结束后，在蒋梦麟的陪同下，杜威又到达了杭州。而就在这时，作为导游的蒋梦麟却因为一件意外的事情，匆匆返回了北大。发生了什么事情？何以让蒋梦麟撇下远客，径自离开？原来，这件事就是在中国近代史上具有重要影响的"五四运动"。1919 年 1 月，第一次世界大战战胜国在法国巴黎召开"和平会议"，即巴黎和会。结果，大会不顾中国也是战胜国之一的事实，准备将战败国德国在中国山东的权益转让给日本。为此，中国各界代表通电当时的政府，要求通过外交，使和会归还中国在山东的原有权益以及废除"二十一条"等不平等条约。然而，最终的《凡尔赛和约》却决定，仍将德国在山东的权利转送日本。中国政府的外交失败之后，国内又传出政府要求和会代表在条约上签字的消息。听到这则消息，国内舆论立即沸腾。为了表示抗议，5 月 4 日这天，北京大学等学校的学生进行了声势浩大的示威游行。这即是"五四运动"。

刚开始，杜威并没有太在意这场运动，他仍旧在美丽的苏杭周旋逗留了几天后，才返回了上海。刚到上海没多长时间，令他感到吃惊的是，又来了一位不速之客。

这位客人不再是杜威二三十岁的青年学生，也并不是位学者，与当时年届花甲的杜威相比，他也已经五十好几了。他就是中华民国前总统孙中山。当时，孙中山就住在上海，在听到杜威来沪的消息后，他便高兴地前来拜会，希望能从这位西方著名的思想家那里获得启示。在二人的交谈中，孙中山提到了他认为的中国人的一个痼疾：总是认为认识事情的道理容易、做起来难，也就是所谓的"知易行难"。他认为，正是这种思想困住了中国人的手脚，

🔖 蒋梦麟（1886 年－1964 年），原名梦熊，字兆贤，别号孟邻，教育家。曾任国民政府教育部部长、国立北京大学校长。

↑孙中山

使得他们畏首畏尾。相反,日本人正因为敢于行动,在不断的行动中纠正错误,所以才取得了迅速的发展。面对孙中山的观点,杜威表示赞赏。后来他在给自己女儿的信中,还热情洋溢地赞美了孙中山一番,并且称呼他为一位哲学家。

与孙中山的交谈加深了杜威对中国的认识,不过,接下来的事情则更加引起了杜威想要了解中国的渴望。原来,在五四之后,各地学生的罢课与游行并没有终止,这一下,杜威的好奇心被撩动了,他开始敏锐地观察周围的事情,并且越来越着急北上,想亲眼看一看当时发生在中国的波澜。

5月14日,杜威终于启程北上,在南京逗留了几天,作了几场讲演后,接着即马不停蹄前往北京,直到当月的30号抵达。到达北京后的杜威眼见了学生的游行,以及当时北洋政府最初将一些学生关押在北京大学,尔后又迫于舆论压力释放学生的举动。进入6月份之后,为了不错过杜威来华的这个机会,北京大学、教育部、清华大学、北京高等师范学校等单位,都先后热情地邀请杜威演讲。当杜威每次演讲时,因为作为口译的胡适等人能将演讲翻译得流畅易懂,再加之二人的盛名,所以现场几乎都是听众云集,而演讲完毕之后,《晨报》《新潮》等媒体还会将演讲内容及时刊登出来,以弥补那些未到场听讲者的遗憾。

这些演讲涉及的内容很多,总体上可分为五大系列,具体包括:

一、关于现代教育趋势的讲演三次

二、关于社会哲学和政治哲学的讲演十六次

三、关于教育哲学的讲演十六次

四、关于伦理学的讲演十五次

五、关于思想流派的讲演八次

后来,这些演讲被收入一本名为《杜威五大讲演》的书中,由北京晨报出版社出版。在杜威离华之前,这本书重印

了10次，每次所印数目多达万册，一时洛阳纸贵。

在北京演讲完之后，杜威开始在中华大地的其他地方留下足迹。而每到一处，或是当地的政府，或是教育机关、或是社会团体，几乎无一不热情邀请杜威开讲，与北京的演讲一样，这些演讲也被及时地刊登在报刊上供人阅览。有关演讲的内容，除了哲学、政治方面的外，教育类的题目则有：教育与实业、自动的研究、大学与舆论、普通教育、教育者的天职、教育与社会进化的关系、学校与环境、职业教育的精义、职业教育与劳动问题、公民教育、教育与社会的关系、小学教育的新趋势、教材的组织、学生自治的组织、国民教育与国家的关系、教授青年的教育原理、教育的社会因素、学校科目与社会的关系、教育的心理要素等。

在以上有关教育的演讲中，总体上，杜威演讲的主旨与在实验学校中所表现出来的一脉相承，他还是一直在阐释自己"教育即生活，教育即生长，教育即经验的不断改造""学校就是社会""儿童中心论"等思想。但是目睹了中国的实际后，面对渴望获得启示的中国知识分子、面对"嗷嗷待哺"的青年，他还是提出了许多针对性的建议，提出了许多为中国教育和社会把脉的"方子"。

比如，当时，中国的新文化正在蓬勃地展开，胡适提倡用白话文替代文言文的主张也获得了很大反响，但是，杜威明白，像中国这种具有悠久历史的国家，历史是财富，也是负担，如何正确地对待文化遗产，他讲了一个浅显但富有哲理的故事。这则故事是说，一个主人需要出门，在临走前，他分别给了三个仆人一样的钱，结果，第一和第二个仆人眼看着主人刚走，就将这些钱当做本钱，做起了生意，并且分别赚了不少，相比前两位，第三个仆人则是唯恐将钱弄丢了，所以小心翼翼保存着。过了几年，主人回来了，知道了他们三个人的行为后，遂奖赏了前两个仆人，而责罚了第三个仆人。故事讲完后，杜威便说，这就如同我们对待古代的

杜威和胡适合影

杜威曾经到世界许多地方演讲，宣扬他的想法，他曾经到过中国、印度访问，因此他的思想也影响着美国以外的地区。

文化，如果不给它加上些"利息"，而将原物奉还给古人，这岂不是太对不起古人了？听完这则故事，那些害怕新事物趋于保守的人不啻挨了当头一棒。

在所有有关教育的演讲中，为了鼓励中国人在保存好历史精华的同时，勇于走出历史，像上面这种生动的例子还有很多。除此之外，根据中国的特殊国情，杜威还特强调了几点：

第一，教育要平民化、民主化。虽然来中国的时间不长，但是通过对其他国家教育史的研究，杜威知道，像中国这样的国家，在过去，也只有一定地位、一定财富的人才可以获得教育。所以，他主张，应该让这个社会中的每个人都受到平等的教育，应该打破教育被有地位的人所垄断的局面。因为只有这样，中国才能有望建成一个民主的社会。在主张教育平等这件事上，还有两个故事值得一提。一个是，当杜威在南京办一个讲习班时，不但有男学生，而且还有很多女学生前来听讲。在当时的中国，虽然女性已经逐渐获得了受教育的权利，但是在那种讲习班，还从来没有女学生的身影，所以杜威的演讲现场，为人人拥有平等的受教育的权利这一观点作了最好的诠释。另一个是，因为杜威的夫人奇普曼也研究教育，所以她也曾随杜威一起演讲，与丈夫不同的是，她的着重点是在传播教育面前男女平等的观念。后来，当杜威夫妇回国后，一个中国学生代表团在出使纽约时，为了感谢杜威夫妇对中国教育平等化所作的贡献，还授予了他们家一枚勋章。

第二，教育不仅要重视个性，还要重视合作精神的培养。杜威知道，当时中国教育也同美国早期的一样，属于学生张着嘴，就等着老师来喂，所以，他当场反问在座的老师："我们以前的教育是否重视个性的发展？"在着重谈了学生个性教育后，杜威话锋一转，又谈到了合作精神，他认

为，个人当然重要，但是当每一个人都培养出了自己的个性后，就需要为了共同的幸福而合作。他拿学校举了个例子。学校就是一个雏形的社会，校长、老师、学生都是公民。对于学校的事情，不仅校长、老师应该尽职尽责，学生也有义务和责任。推而广之，每个公民对待国家的事物也应该持有这种态度。联系到当时的中国人刚刚走出 2000 多年的皇权专制这件事实，就不难理解杜威此番言论的用意。

第三，发展科学、注重科学方法的重要性。因为在 20 世纪 20 年代，倡导科学、民主的新文化运动正在蓬勃展开，加之当时世界科学正在日新月异地发展，所以看清了科学精神尤其是科学方法对中国人来说是一根软肋的杜威，特意选中了科学大谈特谈。他不仅回顾了科学在历史上的重要性，而且还指出了科学教育的意义，这些观点对中国的知识分子来说无疑是一场甘霖。

第四，教育包括普通教育和职业教育，两者不可偏废；教育与实业发展密切，应该齐头并进。

道别中国

1920 年 10 月，就在杜威行走在中国的大地上，将自己的智慧四处播撒时，另一位著名的英国思想家也漂洋过海来到中国，他就是哲学家、数学家罗素。能够同时邀请到两位"大家"，当时中国的知识界也是兴奋异常，于是，就出现了一个有趣的现象，因为他们都在不停地演讲，所以，一些报纸就将两人的演讲内容放在同一个版面，读者因此可以对比着享受智慧的思辨。

不过，相比杜威演讲的影响，罗素的演讲内容因为没有杜威演讲得更切合中国实际、更有针对性，所以他的反响还是要小些。

时间倏忽而过，当 1919 年杜威在给胡适的信中提及自己要来中国时，本打算呆上几个月，看看中国的风光，顶多也只是一年，他可没料到，他这一来，转眼间已经两年有余了。他也没想到，本来只是自己和妻子到中国转转，但是为了帮助自己工作，两个女儿也于 1919 年来到中国。想

🔲 罗素

杜威（前排右一）1919年来华期间与胡适（后排左一）、蒋梦麟（后排左二）、陶行知（后排左三）、史量才（前排左一）等人合影

到这里，又想到已经向哥伦比亚大学请了两年的长假，所以杜威开始准备回国了。

听到杜威要回国的消息后，1921年6月30日，在北京的一个公园内，蔡元培、梁启超、胡适等数十位名流专门为他饯行。宴会上，蔡元培将杜威比做孔子，梁启超将杜威比做一千多年前从印度远到中国的鸠摩罗什，认为他与这位前辈一样，必然对中国的文化产生影响。后来，胡适也发了言，因为这两年来，他与老师有了更多的接触，所以他说得很恳切。他首先提到，自己在国内提倡白话文时，因为资历浅，所以影响小，但是杜威此次来华，利用他自身的影响力，恰好助了自己一臂之力。接下来，他认为，从杜威的演讲中，中国人最应该吸取的就是他的科学方法。胡适演讲之后，其他人也发了言。最后，为感谢大家，杜威也表示，到北京后感觉就像是到了自己家，他感谢众人的热情，坦诚自己的中国之旅很愉快。的确，正如杜威所说，他的这次演讲，普遍来说，还是受到了青年学生以及学者们的欢迎，大家对他不辞辛劳四处奔波十分感激。对此，可以用两个事例证明。一次是他到福建后，因为要求演讲的呼声太高，身在北京的一些学生唯恐年过60的杜威积劳成疾，所以连忙通电，建议杜威限制演讲次数和时间，后来，考虑到杜威精力的确有限，所以组织演讲的机构立即作了相应的限制。另外一个事例就是，当杜威南下到广州，因为时日已久，准备立即北上时，《晨报》表达了当时广州人的心情。大意是说，粤人深感遗憾，想方设法挽留杜威，大有阻止车子前行的架势。

面对中国朋友的厚意，杜威深深感谢，然而，天下没有不散的筵席，想到自己该说的话都说了，于是，到了1921年7月11日那天，他便道别北京的朋友，启程返回美国。

晚年荣誉

关于中国之行,按照杜威女儿后来的说法,认为它重新燃起了杜威研究学术的激情。

当杜威回到美国时已经62岁,一般来说,此时的年龄正是他享清福的时候,然而,从东方的旅行中,他明显体味到乐趣,以致此后又游历了土耳其(1924年)、墨西哥(1926年)以及苏联等国。

值得一提的是他在苏联的游历,在当时的世界,苏联作为唯一的社会主义国家,外界对它充满了好奇,也正是这个原因,1928年,在美苏文化协会的促成下,包括杜威在内的25位美国教育家参观了苏联的教育事业。在苏联期间,杜威和当地的教师进行了友好的交流,并游览了当地的乡村。

随着年龄越来越大,杜威的激情似乎越发高涨,除了继续关注自己的教育和哲学事业以外,他还参加了"美国人民国会游说团"、"拥护文化自由委员会"、"独立政治行动同盟"等多个政治团体。

1949年,这一年杜威年满90岁。由于他在思想领域的贡献,尤其是在教育领域突出的成就,杜威赢得了美国人民的普遍尊敬以及世界性的声誉。在他生日那天,英、法、土耳其等数个国家发来贺电,甚至印度总统尼赫鲁亲自来给他拜寿。这一切,对一名知识分子来说,其声誉达到了巅峰。

1952年6月1日,杜威在自己的家中病逝。哲人已逝,他的精神却没有就此陨灭,在美国,他的"教育即是生活""儿童中心论"等思想对当地教育产生了深远影响;在其他国家,比如中国,他的学生陶行知等人,热情地投入到了教育事业中,为自己、也为老师的教育理想而奋斗。

杜威虽然去世了但他的思想对美国教育产生了深远影响,美国于1968年发行纪念杜威的邮票。

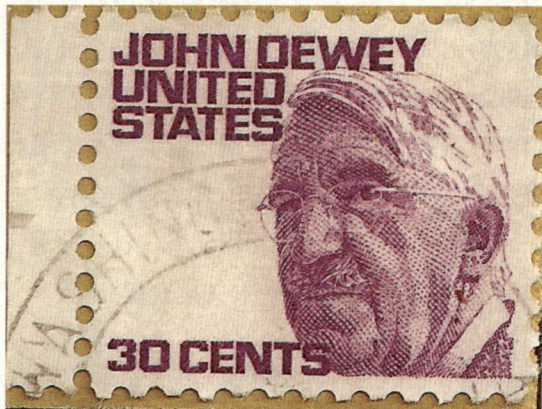

大 事 年 表

1859 年　　　　　约翰·杜威生于佛蒙特州柏灵顿市附近的一个村庄。

1875 年　　　　　在当地中学毕业。

1875—1879 年　　在佛蒙特大学读书。大学毕业后,取得学士学位。

1879—1881 年　　担任宾夕法尼亚州石油城中学的教师,教授拉丁文、数学等
　　　　　　　　课程。

1882—1884 年　　在约翰斯·霍普金斯大学攻读博士,曾在此期间,给本科生
　　　　　　　　讲授哲学史。

1882 年　　　　　杜威的第一篇论文《唯物论的形而上学假设》在哈里斯主编
　　　　　　　　的《思辨哲学杂志》上发表。

1884 年　　　　　杜威获得霍普金斯大学哲学博士学位。

1884—1888 年　　担任密执安大学的讲师和助理教师。

1886 年　　　　　杜威与爱丽丝·奇普曼结婚。第一本心理学著作《心理学》
　　　　　　　　出版。

1894—1904 年　　在芝加哥大学任教,担任哲学、心理学、教育学系的系主任。

1896—1908 年　　建立芝加哥大学实验学校。

1899 年　　　　　《学校与社会》出版。

1899—1900 年　　担任美国心理学会会长。

1902—1904 年　　担任芝加哥大学教育学院院长。

1904—1930 年　　担任哥伦比亚大学哲学教授。

1905—1906 年　　担任美国哲学学会会长。

1915 年　　　　　与女儿伊芙琳·杜威合著《明日之学校》。

1916 年　　　　　《民主主义与教育》出版。

1919—1921 年　　先访问日本,后访问中国。

1928 年　　　　　访问苏联,担任美国进步教育协会名誉会长。

1952 年　　　　　杜威逝世,享年 93 岁。